瞿秋白的生前身后

瞿独伊／口述

周海滨／执笔

中华书局

图书在版编目（CIP）数据

瞿秋白的生前身后/瞿独伊口述;周海滨执笔. —北京:中华
书局,2024.8
ISBN 978-7-101-16618-7

Ⅰ.瞿… Ⅱ.①瞿…②周… Ⅲ.瞿秋白(1899~1935)–传记
Ⅳ.K827=6

中国国家版本馆 CIP 数据核字（2024）第 096910 号

书　　名	瞿秋白的生前身后
口　　述	瞿独伊
执　　笔	周海滨
责任编辑	欧阳红
特约编辑	张荣国
封面设计	王铭基
责任印制	管　斌
出版发行	中华书局
	（北京市丰台区太平桥西里 38 号　100073）
	http://www.zhbc.com.cn
	E-mail:zhbc@zhbc.com.cn
印　　刷	三河市宏盛印务有限公司
版　　次	2024 年 8 月第 1 版
	2024 年 8 月第 1 次印刷
规　　格	开本/710×1000 毫米　1/16
	印张 12¾　插页 2　字数 160 千字
印　　数	1–5000 册
国际书号	ISBN 978-7-101-16618-7
定　　价	56.00 元

瞿秋白 1920 年 5 月摄于北京

瞿秋白 1923 年初回国留影

莫斯科中山大学旧址。国共两党的许多名人、要人都曾在这里学习

1924年底，瞿秋白与杨之华在上海合影

杨之华与瞿独伊合影。照片上题字"慈母爱女，
一九二九年消夏小别"，为瞿秋白所题

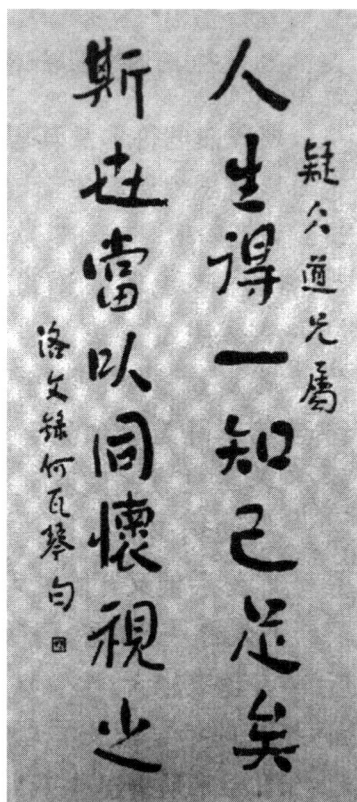

鲁迅书赠瞿秋白的条幅："人生得一知己足矣，斯世当以同怀视之。"

瞿秋白就义前在长汀中山公园凉亭留影

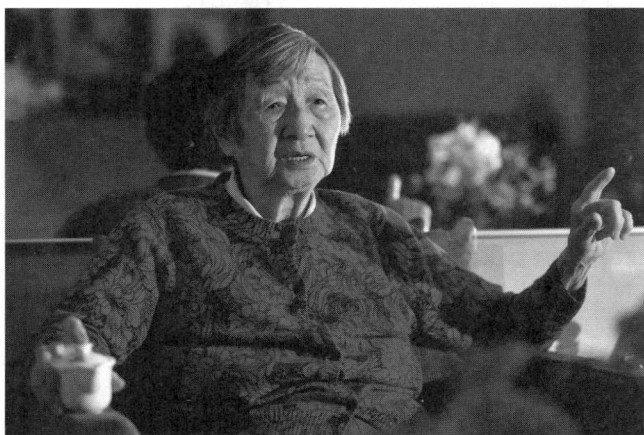
瞿独伊近照,摄于 2010 年 3 月 19 日

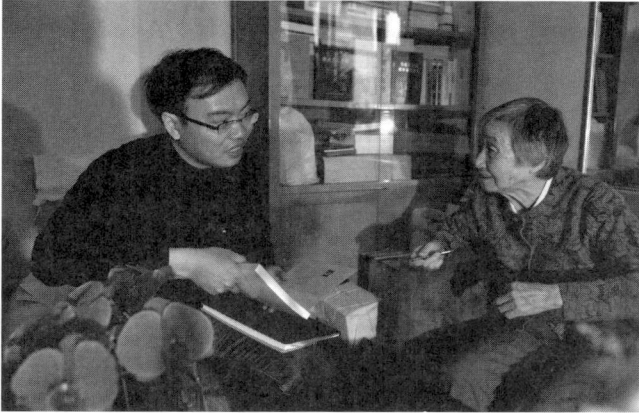

2010 年 3 月 19 日，瞿独伊在寓所接受周海滨访问

目　录

缘　起

周海滨

父亲牺牲的时候，我年纪还小，可他亲切的形象，却深深印在了我的心里。在我模糊的幼年记忆中，父亲清瘦，戴着眼镜，话不多，但很温和。母亲不让我简单地叫他"爸爸"，而一定叫我喊他"好爸爸"。我就一直这样称呼我父亲……

瞿独伊，瞿秋白、杨之华的独女。瞿秋白去世时，她只有 14 岁。从 5 岁见到瞿秋白到 14 岁听到秋白被杀害的消息，她在"好爸爸"瞿秋白身边度过了人生充满"父爱"的一段时光。

杨之华，1900 年出生于浙江萧山，曾就读于浙江女子师范学校。她曾与开明士绅沈玄庐之子沈剑龙有过一段短暂的婚姻。沈剑龙到上海以后，感情起了变化。这时，杨之华生下女儿，取名——"独伊"，即只生这一个。1922 年，杨之华只身前往上海，结识了向警予、王剑虹等人，并于 1923 年底报考上海大学，被录取在社会学系。

杨之华回忆说："我和秋白的初次见面，是在一九二四年一月间。"[1] 瞿秋白是上海大学社会学系系主任，讲授社会科学概论和社会哲

---

[1] 杨之华：《回忆秋白》，人民出版社 1984 年版，第 3 页。

学两门课。向警予与杨之华交好，向瞿秋白推荐了杨之华。瞿秋白是杨之华的入党介绍人。

瞿秋白这时与第一任妻子王剑虹热恋，并于1924年1月结婚。1924年1月，为参加国民党一大而滞留广州的瞿秋白，几乎每天都要用五彩布纹纸给王剑虹写信，并附诗。"万郊怒绿斗寒潮，检点新泥筑旧巢。我是江南第一燕，为衔春色上云梢。"就是瞿秋白写给王剑虹信中的情诗。

王剑虹是丁玲的好友。丁玲回忆瞿秋白和王剑虹的第一次在南京见面："这个朋友瘦长个儿，戴一副散光眼镜，说一口南方官话，见面时话不多，但很机警，当可以说一两句俏皮话时，就不动声色地渲染几句，惹人高兴，用不惊动人的眼光静静的飘过来。"① 不久，瞿秋白和施存统再次过来，向丁玲、王剑虹讲述苏联的故事。"我们就像小时候听大人讲故事似地都听迷了。……他鼓励我们随他们去上海，到上海大学文学系听课。"② 瞿秋白和王剑虹才情相宜，恋爱不到半年就结婚了。不过，这段美满婚姻仅仅维持了7个月，1924年7月21岁的王剑虹便因肺病去世了。瞿秋白的母亲和姐姐因患肺病而死，瞿秋白也患有肺病，瞿秋白自觉对王剑虹的死负有责任。

王剑虹去世之后，杨之华经常看望瞿秋白，瞿秋白向杨之华求了婚。杨之华是公认的美女，丁玲说她"长得很美，"上海大学教员郑超麟说她"漂亮、温柔、聪明、能干"，国民党中统特务万亚刚说她"长得非常漂亮，有上大校花'之称"。

杨之华对瞿秋白的求婚并没有思想准备，她回到萧山家里，暂避瞿秋白。不久，学校放暑假，瞿秋白来到萧山找她。杨之华的哥哥和沈剑龙是同学，见到这种情况，就把沈剑龙也请到家里来。

沈剑龙却与瞿秋白一见如故。杨之英在《纪念我的姐姐杨之华》中

---

① 丁玲：《我所认识的瞿秋白同志》，载《忆秋白》，人民文学出版社1981年版，第130页。
② 丁玲：《我所认识的瞿秋白同志》，载《忆秋白》，人民文学出版社1981年版，第131页。

回忆说："我第一次见到秋白是 1924 年 11 月，姐姐同他一起到萧山家中来的时候。当时姐姐已决定与沈剑龙离婚，她和秋白来家就是为商议这件事的。秋白给我的印象是文质彬彬，说话斯文，十分有礼貌。他们到家后，立即派人把沈剑龙请来，三个人关在房间里谈了差不多一整夜。临别时，我看他们说话都心平气和，十分冷静，猜想姐姐与沈剑龙离婚和秋白结婚的事已经达成协议。果然，姐姐和秋白回到上海后不久，邵力子主办的《民国日报》上登出了两条启事，一条是姐姐与沈剑龙的离婚启事，一条是姐姐与秋白的结婚启事。11 月 7 日，十月革命纪念那天，姐姐和秋白正式结婚。我的父母亲认为这事丢了杨家的脸，没有参加他们的婚礼，但姐姐从此却更加勇敢地走上了献身于革命的道路。"①

多个版本的瞿秋白传记里都会提及这次"谈判"：先在杨家谈了两天，然后沈剑龙把瞿秋白、杨之华接到他家，各自推心置腹，互诉衷肠，又谈了两天。

11 月 27 日，邵力子主办的上海《民国日报》上同时刊登出三条启事：

杨之华沈剑龙启事：自一九二四年十一月十八日起，我们正式脱离恋爱的关系。

瞿秋白杨之华启事：自一九二四年十一月十八日起，我们正式结合恋爱的关系。

沈剑龙瞿秋白启事：自一九二四年十一月十八日起，我们正式结合朋友的关系。

---

①杨之英：《纪念我的姐姐杨之华》，载《回忆杨之华》，安徽人民出版社 1983 年版，第 147—148 页。

这三则启事，在27日、28日、29日三天重复登出，成为上海滩破天荒的新闻。郑超麟曾回忆说："那时，上海小报中最有名的《晶报》，由主笔张丹斧（丹翁）执笔评论此事，但把当事人的姓名都改换了。沈剑龙改为审刀虎，瞿秋白改为瞿春红，杨之华改为柳是叶，沈玄庐改为审黑店，上海大学改为一江大学，商务印书馆改为工业印书馆。我们以后好久都叫秋白做春红。"

据说，沈剑龙送给瞿秋白一张六寸照片——沈剑龙剃光了头，身穿袈裟，手捧一束鲜花，照片上写着"鲜花献佛"四个字，意即他不配杨之华，他把她献给瞿秋白。郑超麟曾回忆五四时期青年的爱情，对"秋之白华"，他有这样的记录："有一次，我们到秋白和之华的新家里去，说话间来了一个人。他们介绍说：'这位是剑龙。'秋白同他亲密得如同老朋友。之华招待他，她像出嫁的妹妹招待嫡亲的哥哥。后来，之华有一次对我说：剑龙为人高贵，优雅，她自惭庸俗，配不上他。沈玄庐则没有儿子那种度量。玄庐背后骂秋白：'这个人面孔狭窄，可知心中奸狡。'"万亚刚在《国共斗争的见闻》一书《瞿秋白"就义"之谜》一文中这样地叙述：

> 瞿、杨之结识，是在"上海大学"……她的丈夫是沈定一（玄庐）的儿子沈剑农（引按：应为"龙"，下同），同在"上大"读书。"上大"师生的思想都很前进，校风开放，所以瞿、杨的交往不大避人耳目。等到二人发生恋情，同学间就纷纷传扬，沈剑龙也有所耳闻。某次，沈剑龙走过瞿秋白的房间，听到里面有嘻笑声，推门进去，见杨之华坐在瞿秋白的膝上。杨见他进来，急忙站起来解释："正在和瞿老师排演话剧。"沈剑龙将她按回原位："你们继续排演吧！"说完掉头就走。

> 隔了几天，沈剑龙在寓所请瞿秋白和几个"上大"同学吃便

饭，沈定一夫妇也在座，酒至半酣，沈剑龙站起来说："之华和瞿老师相爱，我理当成全他们，今天请诸位做见证，我把之华交给瞿老师。"说完将瞿、杨二人的手拉在一起。这一幕突如其来，大家为之怔住，沈定一夫妇更怒气冲冲，愤而退席。次日，沈、杨离婚，瞿、杨结婚，瞿、沈结为朋友关系，三则启事并排刊登在上海《民国日报》上，社会人士诧为奇闻。此为一九二四年十一月之事。这段故事，初见于"中统"外围刊物《社会新闻》（丁默邨主编）上，后来笔者又从沈剑龙口中证实。①

瞿秋白与杨之华感情甚好，"秋之白华"被称为民国爱情的一道传奇。2015 年是瞿秋白殉难八十周年，《新文学史料》发表了瞿秋白的外孙女李晓云核对、整理的一束瞿秋白家信。这些信件主要是 1929 年瞿秋白在苏联期间写给妻子杨之华的信，感情至深。在瞿秋白牺牲后，杨之华珍藏着瞿秋白的原稿、书信，历经数十年风风雨雨而不曾毁坏、流失。

致杨之华，1929 年 2 月 28 日晚：

亲爱爱：

前天写的信，因为邮差来的时候，我在外面逛着，竟弄到现在还没有寄出。今天又接到你二十五日的信。那是多么感动着我的心弦呵！我俩的爱实是充满着无限的诗意。从半淞园以来，我俩的生活日渐的融化成一片，如果最近半年爱之中时时有不调和的阴影，那也只是一个整个的生命之中的内部的危机。最近半年是什么时候？是我俩的生命领受到极繁重极艰苦的试验。我的心灵与精力所负担的重任，压迫着我俩的生命，虽然久经磨练的心灵，也不得不发生因疲惫不胜而起呻吟而失常态。

---

①转引自王彬彬：《沈定一的向右转与瞿杨之结合》，《南方周末》2009 年 4 月 8 日。

稍稍休息几天之后，这种有力的爱，这整个的爱的生命，立刻又开始灌溉他自己，开始萌着新春的花朵。我俩的心弦之上，现在又继续的奏着神妙的仙曲。我只有想着你，拥抱你的，吻你……的时候，觉着宇宙的空虚是不可限量的渺小，觉着天地间的一切动静都是非常的微细——因为极巨大的历史的机器，阶级斗争的机器之中，我们只是琐小的机械，但是这些琐小的我们，如果都是互相融合着，忘记一切忧疑和利害，那时，这整个的巨大的机器是开足了马力的前进，前进，转动，转动——这个伟大的力量是无敌的。

你寄来的小说月报（即《小说月报》杂志——李晓云注）等及绒衫已经接到。我明后天大概就可以得到莫斯科的回音，究竟在此（当时瞿秋白在库尔斯克州利哥夫县玛丽诺疗养院治病休养。——李晓云注）继续休养两星期，还是不。

最近精神觉得比以前好多了。但是正经的工作及书，都不能想起，不能想做。人的疲倦是如此之厉害呵！

见着仲夏、余飞（仲夏，邓中夏，与余飞都是早期共产党员。余飞后被捕叛变，加入国民党。——李晓云注）代我问好，请他们写封信给我，有些什么新闻。

我吻你万遍。

你的阿哥

二十八日晚

致杨之华，1929 年 3 月 13 日：

亲爱爱：

今天接到你七日的信，方知兆征（苏兆征烈士。——李晓云

注）死的原因……

……

亲爱爱，我的感慨是何等的呵！

我这两天当然感觉到不舒服，神魂颠倒的。再过一星期，我就要回莫（即莫斯科。——李晓云注）了，好爱爱，人的生死是如此的不定！

这次养病比上次在南俄固然成绩好些，但是，始终不觉着的愉快，我俩还是要经常的注意身体，方是有效的办法。养病的办法是没有什么用处的。但是，你快可以看见我了，至少比以前是胖些了。你高兴么？好爱爱，我要泡菜吃！

仁静（刘仁静。——李晓云注）回，托他带这信，仁静又是失恋一次，但是，他不屈不挠的，居然写了一封极长的信给她。他固然是很可怜的。

……

天气仍旧是如此冷，仍旧是满天的雪影，心里只是觉得空洞寂寞和无聊，恨不得飞回到你的身边，好爱爱。我是如此的想你，说不出话不出来的。

我想，我只是想着回莫之后，怎样和你两人创造新的生活方法，怎样养成健全的身体和精神。

还有许许多多的话要说，但是，不知如何的说，不知从何说起……亲爱爱，我吻你，吻你，要紧要回莫见着你，抱着你！！！我的心伤了！兆征的死，仿佛是焦雷一样……

你的阿哥

三月十三日

致杨之华，1929 年 3 月 15 日：

亲爱爱：

昨天仁静走，给你带了一封信；下半天我睡梦中醒来，胸前已放着你来的信，我是多么高兴！可是这封信仿佛缺了一页。

好爱爱，你何以如此的消瘦呢？何以这样的愁闷，说死说活呢？乖爱爱，哥哥抱你，将你放在我的暖和的胸怀，你要乖些！不好这样的。你［我］读着你那句话，险些没有掉下泪来。你的身体要好起来的。我早已告诉你，不要太用功了。读书不容易读熟的。当初我也是这样，自己读的写的常常会忘掉的。只要不自勉强，不管忘不忘，不管已读未读，只要常常有兴会的读着用着，过后自然会纯熟而应用。觉得疲乏的时候，决心睡一两天，闲一二天，在花园里散散心（只不可和男人——除掉我——吊膀子）。睡足了便觉得好些的。

乖爱爱！好爱爱，我吻你，吻你的……吻你的一切。

我译的工农妇女国际歌，有俄文的，你如看见仁静，他有一本歌集上有这首歌。俄国的妇女运动，现在是特殊的问题，也是一般的问题。城市中的妇女是已经没有所谓妇女问题，而是一般的技术文化问题——一般的官僚主义妨碍着女工得到法律上政治上已有保障；一般的物质建设的落后（如生育、育婴等的设备）妨碍着妇女之充分的和男子完全一样的发展；一般的社会设备及技术设备的缺乏（如公共食堂、宿舍、洗衣等），始终占领着妇女的许多时间。妇女问题上你所看见的缺点，正表示一般的社会主义建设的困难，以至党部工作的困难。那妇女部的吸香烟和一切态度，使我想着：苏联党的工作是如此之重大而繁复，但是他们的人材是如此之缺乏！

亲爱爱，你准备着自己的才力，要在世界革命及中国革命之中尽我俩的力量，要保重你的身体。我想，如果，我俩都凑着自己能力的范围，自己精力的范围，做一定的工作，准备着某种工作能力，自己固然可以胜任而愉快，对于工作也有益处。我俩的经验已经告诉我们：贪多嚼不烂是一无益处的！好爱爱，亲爱爱，我俩的生活是融和在一起，我俩的工作也要融和在一起。亲爱爱，你千万不好灰心，不好悲伤。我抱着你，我在意想之中抱着你，吻着你，安慰你。我过一礼拜便回来了——三月二十二日一定到莫斯科。你如果要上课，可以不要来接我，我偷偷的回家，等你回来，你是要如何高兴呵！那时，独伊（瞿独伊，瞿秋白、杨之华的女儿。瞿独伊原名沈晓光，1921 年 11 月生，母亲是杨之华，生父是沈剑龙。1924 年杨之华与沈剑龙离婚，与瞿秋白结婚。1925 年春瞿独伊被母亲杨之华接到上海与瞿秋白一起生活。瞿秋白视瞿独伊为己出，爱护有加。——李晓云注）也不能笑俩哭了！！（此句疑原信笔误。据杨之华所存抄件为："独伊也不能哭，而笑了！！"——李晓云注）

好独伊，亲独伊！

"小小的蓓蕾含孕着几多生命，陈旧的死灰几乎不掩没光明。看那沙场的血花灿烂，经过风暴之后的再生，谁道是无意中的赤化？却是赤爱的新的结晶（此处缺下引号，原信如此。——李晓云注）刚要发信，你的三月十一日的信来了。太阳好，心绪是要好些。我三月二十一日动身，二十二日早晨九十时可以到了。

吻你，吻你万遍。

你的阿哥

三月十五日

致杨之华，1929 年 3 月 17 日：

亲爱爱：

　　好爱爱！昨天接到你的最后的一封信，邮差已经走了，今天是礼拜日，不能发信。仁静带的信应当到了——我本想二十日走，因为二十没有这带的火车，所以要二十一才走。亲爱爱，这次的离别特别的觉得长久，不知怎样，每时每刻不想着你。你的信里说着你高兴的时候，我是整天的欢喜；你的信里露着悲观的语气，我就整天的，两三天的愁闷。好爱爱！最近为什么你又悲观呢？

　　亲爱爱，乖爱爱，人家说几句话你就多心了，就难过了。不好这样的！好爱爱，我要紧要紧回家，回家看见你，抱你！你要高兴，要快乐。人生在世，要尽着快乐。我小时做算学题做不出的时候，烦恼的要死——至今我的性情还是如此——那时我母亲告诉我，"你去玩一下再来，高兴高兴，自然就算得出"！我总记得这句话，总记得，总不能完全实行。我俩一定实行这样的办法。好爱爱，你还要想着，我俩的爱是如何的世上希［稀］有的爱，这就值得高兴了。至于身体，据医生和许多人说，最好是日常的有规律的自己保护，运动，比一切药都好。如果一则能高兴，二则能运动和吸新鲜空气，三则有相当的医药，那就自然会好起来！好爱爱，亲爱爱，我就如此的想：我的爱爱是世界上唯一的理想的爱人，她是如此的爱，爱着我，我心上就高兴，我要跳起来！

　　好爱爱，我再过五天就一定能看见你了！！吻你，吻你万遍。

你的阿哥
三月十七

※

瞿独伊与母亲杨之华在苏联生活了 13 年，曾在新疆与母亲入狱 4 年。1941 年 9 月，因苏德战争爆发，瞿独伊随母回国，在新疆时被地方军阀盛世才逮捕。

1946 年 6 月 10 日，瞿独伊出狱。不久，毛泽东又特邀杨之华、瞿独伊、朱旦华、毛远新到家中做客。毛泽东说："瞿秋白同志的问题解决了，中央已作了一个《若干历史问题的决议》。"独伊笑着说，难怪我们从新疆回到延安时，康生一改常态，亲自爬到汽车上高喊："欢迎同志们胜利归来！"

"文革"开始后，康生亲笔批示将杨之华列为"重点审查对象"，认为，1940 年代被盛世才关押在新疆监狱时，杨之华、瞿独伊等"接受敌人的钱财作为活动经费"，同国民党的代表张治中"合伙欺骗我们党。"凡被关进新疆监狱者均被诬为"叛徒集团成员"。瞿独伊作为苏修特务、军统特务、国民党员和叛徒，也遭受折磨。瞿独伊之女儿李晓云下放内蒙古农村。杨之华一家北京户口被注销，住房被占。

1971 年，独伊申请探望母亲遭拒。独伊说："就在这一年见到了茅盾等几位老前辈，他们惊喜不已，热情接待。有一次专案组突然交给我一封妈妈写来的信。信中说犯病了，监狱里缺少'脉通药'。"

此后，瞿独伊两次上书周恩来，终于在 1973 年 9 月获准首次探视。一见到已身患骨癌而瘫痪在床的母亲，瞿独伊为母亲梳头、洗澡、洗脚。"当我看到离别多年的妈妈，瘦骨如柴地病瘫在床上，心如刀割。妈妈说：'没想到还能见到你。'"

瞿独伊要求护理病重的母亲，"专案组"不同意，仅允许 10 天探望一次。1973 年 10 月 16 日，离探视期还有 6 天，专案组突然通知瞿独伊可以探视。

此时，被"监护"（等于坐牢）了6年的杨之华病危，解除隔离状态，转入北大附属医院。妹妹杨之英赶到北京探视，姐姐在其耳边说："我知道的东西太多了，非弄死我不可。"

瞿独伊赶到医院，母亲拉着家人的手说："你们来了，很好，不要难受了。"

一些老朋友也赶到了，杨之华说："今天，人真多，正是老中青……我和独伊是母女加同志。"胡愈之说："我们和你，是同乡加同志加同学。"周建人夫人临走时说："华姐，我给你炖一点鸡汤吧。"杨之华点头感谢说："我还想吃西红柿。"

杨之华转到北京医院抢救不到三天，还没来得及品尝鸡汤和西红柿，便病逝了。这天是1973年10月20日凌晨。临终前，她依然说："独伊，你要永远乐观！永远跟着党干革命，要准备迎接更大的考验！"

※

瞿独伊和李何在新疆狱中结识并结婚，出狱后被分配到新华社工作。开国大典举行时，瞿独伊为苏联文化友好代表团团长法捷耶夫一行当翻译。当时，瞿独伊还用俄文广播了毛泽东主席宣读的中央人民政府公告。后来，廖承志推荐瞿独伊到中央人民广播电台当播音员。

1950年3月16日，瞿独伊夫妇抵达莫斯科，筹建新华社莫斯科分社。莫斯科分社当时没有汽车，所有外出活动都乘公共汽车。当时，莫斯科分社里就只有夫妇俩，瞿独伊自称是"八大员"（译电员、翻译员、交通员、采购员、炊事员等）："我们每次采访要通过苏联外交部新闻司批准，他们很刁难的。写好稿子，还要翻译成俄文，到苏联外交部送审，才能回寄国内。我们一般不发电报，电报很贵。住医院也贵，比他们本国人贵到五倍左右，他们实在不像一个'老大哥'。"报道工作主要由李何负责,他在新疆自学俄语,口语和听力比不上在苏联生活多年的瞿独伊。瞿独伊俄语很好,但中文一般,她主要负责翻译和处理各种琐事。

据回忆,向国内发稿是新华社莫斯科分社的难题。发稿费用高,新闻电报 1 个字 30 戈比,业务来往的特别电报 1 个字 2.59 卢布,还必须事先存美元在电报局;从莫斯科给国内打长途电话,1 分钟 14 卢布。航空挂号信,每封信 2.4 卢布;手续多,必须先由大使馆译电员把所发消息译成电码,然后用打字机打出,同时还要把电讯内容译成俄文。苏联对外国记者实行一套严格的制度,新华社莫斯科分社初创时期记者活动范围受限于莫斯科周围 50 公里以内,一切对苏联人的采访都要经过苏联外交部新闻司批准,所有稿件都要译成俄文送苏联新闻检查处。

1953 年,瞿独伊进入苏联吉米里亚捷夫农学院学习。1954 年,李何改任《人民日报》驻苏联记者。1957 年,瞿独伊回国后被分配到中国农业科学院工作。1958 年春,李何调回《人民日报》国际部担任副主任,分管社会主义国家的宣传报道工作。

1962 年 8 月 5 日,44 岁的李何去世;半年后,在哈军工读大学的儿子李克林早逝。1978 年,瞿独伊在新华社国际部俄文组从事翻译和编辑工作,1982 年离休。

此后,瞿独伊一直平静地生活在北京。

2010 年 3 月 19 日,笔者如约来到了瞿独伊家中,时年 89 岁的瞿独伊依然精神矍铄,小时候在苏联的生活让她有着苏联姑娘的热情爽朗的个性,瞿独伊说,她平时会参加很多活动,散步、跳交谊舞甚至打台球。说起这些的时候,老人的笑声十分爽朗:"有一次,我去参加一个舞会,让他们给我找个最好的舞伴,然后我就和他跳舞,他问我多大了,我说我刚 27,你相信吗?其实我当时已经 70 多了!台球也是,这里(周海滨按:指所住小区的活动中心)的老年人都不打,只有我一个人打，即使这样也很开心，我每天都要去活动活动，打打台球。"

2011 年 3 月 30 日，我再次见到了 90 岁的瞿独伊。一年后的瞿独伊，依然精神矍铄，未见老态，每天还在坚持压腿 30 个，采访中她还两次唱起了国际歌。谈得上的大变化是，她搬了家，新居更为宽敞了。我道别前，她给了一份新近写的材料——《瞿秋白是如何平反的》，内容很翔实，让我采用。

2011 年 7 月，我见到了瞿独伊唯一的女儿李晓云。为照顾年迈的母亲，李晓云与丈夫一同从美国回到北京定居。李晓云出国前在北京市计算中心工作，1985 年出国，与丈夫长期在美国 IT 行业工作。李晓云看到我刊发在《看历史》杂志上的瞿独伊口述文章《秋白之死》，对其中一些细节提出纠正。《秋白之死》文中提到，瞿秋白临刑前说："我有两个要求：不能屈膝跪着死，我要坐着；不能打我的头。"她经询问母亲确认"母亲并不知道此事"。同时，她请我转告所有欲访问瞿独伊的朋友们："母亲 90 岁了，自此谢绝一切采访，请转告大家。"临近中午，我留下来吃了一顿丰盛的午餐。

定居北京后，李晓云会替母亲去参加一些社会活动。2013 年 6 月 26 日，李晓云向瞿秋白纪念馆馆长时立群提到两对箱柜：一对是杨之华为收集瞿秋白物品并防潮防虫而做的两只樟木箱，另一对是杨之华所有的带木制拉门的两个书柜。樟木箱和书柜分别捐给瞿秋白故乡常州和牺牲地福建长汀各一只。

虽然不是瞿秋白的亲生女儿，但是这并不影响瞿独伊对他的感情。在瞿独伊的脑海中，瞿秋白依然年轻、潇洒，因为父亲在很年轻的时候就牺牲了，他的生命永远停留在了依然风度翩翩的 36 岁。耄耋之年的瞿独伊，回望起自己漫长的人生，她想说的还是"好爸爸"的温暖。

所幸，面对一个革命者和文人的身份挣扎、一个父亲和丈夫的亲情牵挂，历史在几番"误会"之后，艰难还原出一个本色秋白。

瞿秋白的生前身后

瞿独伊　口述　周海滨　执笔

生父、秋白和我的家世

　　我虽然不是秋白的亲生女儿，但是他对我比亲生的还亲。我们实际上在一起的时间非常之少，但是他对我非常关心。我对亲生父亲一点印象都没有，现在连照片都没有，因为我很小就离开了那个家，长大后也没有去主动找。所以现在让我回忆起他长得什么样？对我怎么样？我一点印象都没有。因而，我把瞿秋白当做我的亲生父亲。

　　我的名字也是有来历的。我原名叫"晓光"，有点天刚破晓的意思。后来，我才改为独伊了。因为我的亲生父亲对她不好，我妈妈心中怨愤，决定只跟他生一个孩子，叫独伊。我现在就一直叫这个名字。

　　我是秋白和妈妈惟一的孩子，秋白（与杨之华）结婚后就没有再生孩子。如果外婆不把我从爷爷家偷出来，我恐怕再也见不到他们了。

　　那是我大概五六岁时，外婆想办法把我偷出来，因为他们（沈家）不愿意母亲把我接出来，他们觉得我是他们沈家的人。

　　我的爷爷沈定一（沈玄庐，1883—1928）曾是一个很进步的人士。

1920 年，陈独秀到上海创建共产党组织，爷爷参加了陈独秀组织的马克思主义研究会。8 月，他与陈独秀、李汉俊、陈望道、俞秀松、施存统、杨明斋、李达等共同发起成立上海共产党组织，他是中国共产党的创始人之一。此外，爷爷还比毛泽东、彭湃等人还要更早地领导农民运动。1921 年，他在浙江组织第一次农民运动，号召减租减息，成立了中国第一个农民革命团体衙前农民协会，在自己家的院子里为农民办学校，邀请进步人士讲课。我母亲杨之华的进步思想就是受爷爷的影响开始的。1925 年以后他离开共产党加入了国民党。1928 年 8 月，他被人刺杀，当时才 40 多岁。至于他到底被谁刺杀的，为什么要杀他，现在也还是一个谜。

我母亲是妇女解放运动的先驱，无论在工作上、家庭上、生活上，她都是先驱。她曾参加上海纱厂工人罢工、五卅运动，1927 年她参加了上海工人三次武装起义，在这年召开的中共第五次全国代表大会上当选为中央委员，担任中央妇女部长，并兼任中共上海地委妇女部长，当选为上海各界妇女联合会主任，同年 12 月创办《中国妇女》旬刊。她对工人特别了解，尤其是对工人妇女的一些困难特别地关心，她还写了《妇女运动概论》。

秋白与张太雷、恽代英一起并称为"常州三杰"。秋白 1899 年 1 月 29 日出生于常州，在故乡生活了整整 18 年。秋白家曾是个"衣租食税"的门户，世代读书为官。但秋白的祖父和父亲都只有空头衔，没做实任的官，到了秋白这一代早已经是穷困的家庭了。秋白很早就在诗词、绘画、篆刻、书法等方面显示出非同凡响的天资，诗词是精谙诗书的秋白母亲教的，绘画是秋白的父亲瞿世玮教的。据说，秋白 10 岁时就能作山水画了。

秋白十三四岁的时候，家里连租房的钱都没有了，只好寄住在瞿氏宗祠。1915 年夏，秋白辍学，这时离中学毕业只有半年时间。在常州中学学习期间，秋白制作的展品还被送到巴拿马万国博览会展出。

秋白母亲性格柔中带刚，情感丰富细腻，对秋白特别慈爱，并寄予极大的期望。家中光景一天不如一天，她让丈夫去湖北谋生，并将婆婆送到杭州大哥瞿世琥处。婆婆在大儿子家里亡故，亲友们都责怪她，加上孩子啼饥号寒的让她觉得茫然无助。秋白母亲生有五子一女，亲友们没有谁去帮助他们。奶奶说："唯有自己去死，才能换来亲友对孩子们的照顾。"所以，在春节前她就准备自尽。趁丈夫和秋白都不在家，她让大女儿轶群去舅舅金声侣家，让还不懂事的二儿子阿云买来一封红头火柴，把剧毒的火柴头全部剥了下来，然后就选择服毒的日子。大年三十年夜饭，她做得很丰盛，丈夫与孩子们都很高兴，丝毫没有察觉到她的异常之处。1916年正月初五的夜里，她吞服了用烧酒拌和的火柴头，突然自杀！

秋白常常说起母亲的自尽，而每次谈起时都沉默很久，奶奶的去世阴影一直伴随着他的一生，在《多余的话》等著作里，他也反复提到他的母亲。

奶奶去世时，父亲最小的弟弟（瞿坚白，1913—1944）才3岁，没有家产又没有工作的爷爷把一个个孩子安排在亲人家里生活、受教育，把那个自幼迟钝、有神经病现象的儿子带在身边。

父亲的才华足以让如今教育背景下的一些人感到惊叹。他会唱昆曲，曾经教作家丁玲和夫人王剑虹唱《牡丹亭》，并让她们按照节拍吹箫；他会绣花，把花鸟画在绸子或者棉布上，然后题上诗词，教她们绣花。秋白还喜欢篆刻，他把喜爱的诗句或者自题的诗句刻在青田石、寿山石上。

父母的爱情：秋之白华

父亲秋白在母亲之前有过一个夫人，结婚7个月就去世了，非常可惜。她叫王剑虹，与丁玲是好朋友，秋白经常给剑虹讲苏联的故事。剑虹喜欢旧体诗词，经常到上海大学中国文学系听俞平伯讲宋词，秋白则在课后教她俄文。由于两人都有志于革命，并且都有着诗人的气质和才华，便常常写诗来抒发情感。从 1923 年 8 月两人相识到 1924 年 1 月他们相爱结婚，不到半年时间。秋白是 1923 年夏天由李大钊介绍从北京来到上海大学担任社会学系主任的，讲授社会科学概论和社会哲学，而且还给鲍罗廷做翻译。

翻译并向中国推介苏俄的新思潮是秋白重要的工作之一，1923 年春夏之交，秋白翻译了《国际歌》。他有时候忙完一天回来还要翻译，剑虹在侧，秋白一夜能翻译一万多字。遗憾的是，剑虹不久就因患肺结核去世，起初医生误以为怀孕耽误了治疗时机，而肺结核在当时是不治之症，她的母亲和姐姐也是患肺病去世的。剑虹阿姨去世时才 23 岁，秋白非常悲伤，他自己也患有肺病，甚至认为是自己传染了妻子。秋白曾在给丁玲的信中表白说自己的心也随剑虹去了。

他们是非常非常相爱的，我觉得王剑虹的文学修养比我母亲更高一点，更有天分。秋白和剑虹两人之间是写诗的，认识的过程中也是互相写诗唱和充满了浪漫情趣，秋白每天写诗，一首又一首的，全是送给妻子的情诗，秋白非常爱她。

秋白与母亲杨之华走到一起那是后来的事了。

母亲 1901 年出生于浙江萧山，是个家道中落的绅士门第小姐，母亲被人称为有"超群的美貌"，人家喊她"小猫姑娘"。快到 20 岁的时候，她和我的生父沈剑龙相爱成婚，她举行的是文明婚礼，去夫家没有坐轿不带嫁妆不请酒宴，只穿着一套红色的衣服。我生父不愿意吃苦，有点儿少爷的样子，他和朋友一起到上海以后，经不起十里洋场、灯红酒绿生活的引诱，堕落了。后来思想就不一样了，他们之间的关系变得很紧张。1922 年母亲只身赴上海，参加妇女运动，结识了向警予、王剑虹等人。1923年底她报考上海大学，被社会学系录取。

母亲就是在这个时候认识父亲秋白的。秋白这个时候由于国民党右派与国民党左派、共产党之间的斗争，辞去了社会学系系主任职务，但是还在上海大学讲授社会哲学，他讲课很生动，又讲事理，又不看稿子，所以很多人愿意听，中、英文系的学生，恽代英、萧楚女都去听过。他讲课喜欢引用古今中外的故事，丁玲曾写文章回忆说，最好的教员是瞿秋白，课后还对学生进行辅导，教学生俄文，读普希金的诗歌，让他们领会普希金美丽的用词。要是有人没听到他讲课，就借别人的笔记来看看，不愿意漏掉他的课。母亲第一次听瞿秋白的课就对他留下了难忘的印象。

秋白那个时候已经是一个领导人，[①] 又是教授，母亲觉得他很平易近人。母亲当时在国民党上海执行部妇女部担任部分工作，与中共中央妇委书记向警予认识，并给向警予留下了极好的印象。不久，在鲍罗廷家中的一次会见，使母亲对秋白有了近距离的接触。母亲曾经回忆起这次见面说，有一天，苏联顾问鲍罗廷夫妇要了解上海妇女运动的情况。向警予因事离开上海，上海大学社会主义青年团支部通知杨之华到鲍罗廷那里去汇报。她到了那里时，意外地遇见了秋白，原来忐忑不安的心情顿时平静下来。秋白担任她们谈话的翻译，在他的帮助下，她顺利完成了汇报任务。[②]

母亲是秋白和向警予介绍入党的，那时办夜校、组织罢工，她都参加。母亲很同情秋白，他的第一任夫人去世后，她一直照顾他。秋白应该是首先对母亲产生爱慕之情的，他们俩相处不久，秋白就提出来要跟

①1924年1月，在中国国民党第一次全国代表大会上，瞿秋白同林伯渠、毛泽东、张国焘当选为中央候补执行委员。

②杨之华对这次见面有着深刻的记忆，她说："从这次工作接触后，我觉得他很诚恳，很愿意帮助别人。他不但不骄傲，而是很谦虚；不但不冷酷，而是很热情。他的热情，不是浮在表面，而是蕴藏在内心，只有当人们和他在一起工作时，才能深切地感觉到这种热情的力量。"杨之华：《忆秋白》，载《忆秋白》，人民文学出版社1981年版，第194页。

她结婚，母亲就说我有爱人，感情虽然不好，但是没有正式离婚。母亲对他的才华是十分倾慕的，但母亲有些不知如何是好，就回浙江萧山母亲家里，暂时回避秋白。

然而，执着的秋白放不下对母亲的思念，在学校放暑假的时候，秋白也来到萧山找母亲。母亲的哥哥和沈剑龙是同学，见到这种情况，他把沈剑龙也请到家里来。

沈剑龙和秋白一见如故，他对秋白的人品与才华十分尊敬、仰慕，然而面对着复杂的感情问题，需要把一些事情"谈开"。于是他们三人开始了一场奇特的"谈判"：先在杨家谈了两天，然后沈剑龙把秋白、母亲接到他家去谈，他们谈话都是心平气和的，十分冷静，又谈了两天。最后秋白把沈剑龙和杨之华接到常州去谈，当时瞿家早已破落，家徒四壁，连张椅子都没有，三个人只好坐在一条破棉絮上谈心。

沈剑龙同意他们在《民国日报》上登三个启事，一个就是母亲跟沈剑龙解除婚姻，一个是母亲跟秋白结婚，那个时候叫恋爱关系。然后，秋白跟沈剑龙确立朋友关系。① 我觉得我的生父在别的方面对我母亲可能不好，但在这一点，他是很不容易的，他觉得不配我母亲，瞿秋白比他要好，比他要配她，所以他同意。

虽然五四运动以后社会比较开放了，但是这件事情还是轰动了上海，有的很佩服，有的也很惊讶，一时议论纷纷。

1924年11月，秋白和母亲在上海举行了结婚仪式，沈剑龙还亲临祝贺，沈剑龙的父母亲没有参加婚礼，认为丢了沈家的面子。其实母亲跟沈剑龙离婚的事情，爷爷还是同意的，因为沈剑龙当时对母亲有点不忠吧，但是，秋白和沈剑龙也成了好友，经常书信来往，写诗唱和。

---

① 瞿、杨启事称："自一九二四年十一月十八日起，我们正式结合恋爱的关系。"杨、沈启事称："自一九二四年十一月十八日起，我们正式脱离恋爱的关系。"瞿、沈启事称："自一九二四年十一月十八日起，我们正式结合朋友的关系。"上海《民国日报》，1924年11月27日、28日、29日。

为了纪念他们的结合，秋白在一枚金别针上曾亲自刻上"赠我生命的伴侣"七个字，送给母亲。这一爱情的信物，后来一直伴随着母亲度过了风风雨雨的几十年。

他还专门刻图章，秋白对母亲说："我一定要把'秋白之华'、'秋之白华'和'白华之秋'刻成三枚图章，以示你中有我，我中有你，无你无我，永不分离之意。"母亲说："倒不如刻'秋之华'和'华之秋'两方更妥帖、简便些。"后来，秋白终于刻了一方"秋之白华"印章。

秋白和母亲结婚后，我还不在母亲身边，沈家不让她去看我，母亲非常想念我。①

大概就是 1925 年，我第一次见秋白。他们一起到萧山来接我，说是一定可以接回来，一定会看到自己的女儿。可是沈剑龙他们不肯放我走，母亲已经要把我抱出来，后来他们那里又把我抢回去了，所以秋白和母亲没有接到我。秋白当时难过地流下了眼泪，母亲当时是第一次也是唯一一次看到秋白哭，他轻易不掉眼泪的。

过了不久，他俩商定再次去浙江乡下接我。他们住在外婆家里，我终于被外婆从沈家"偷"出来送到了父母身边。这段时间，母亲忙于工运，无暇照料我。秋白对我十分慈爱，不管多忙，只要有一点空就到幼儿园接送我。在家时，他手把手地教我写字、画画。

---

①瞿秋白给杨之华讲《安娜·卡列尼娜》的故事，他说："你过去在婚姻上所遭遇的不幸，一时不能见到孩子，这一点和安娜·卡列尼娜相同……但是你处的时代和安娜·卡列尼娜的时代完全不同了。你一定会得到你的幸福，你一定能够看到你的孩子，也一定能够和你的孩子在一起生活。"杨之华在《忆秋白》一文中回忆说，与瞿秋白在上海结合后，十分想念在萧山的女儿。在 1925 年春天，实在按捺不住对女儿的思念，杨之华独自回乡探望："到达家乡的时候，天已经黑了。我独自一人走到过去公婆家里。我过去的公公知道我的来意，突然沉下脸来，冷酷地说：'我不能让你看她。'并且不再理我了。我痛苦地走出了他的书房，在厨房门口，碰见了他的大姨太太。我们过去关系很好，她听说了我的苦处，便说：'别作声，我带你去。'我们悄悄地穿过几个厅院，大姨太太推开了一间侧屋，在暗淡的油灯光下，我看见了心爱的女儿，她正在玩玩具。我抑制了心中的狂喜，轻轻走到孩子面前，她玩的正是我从上海买回去的玩具呵！孩子天真地对我说：'妈妈，我告诉你，我的妈妈死掉了。'……"见杨之华：《忆秋白》，载《忆秋白》，人民文学出版社 1981 年版，第 199—200 页。

秋白第一次赴俄与采访列宁

在认识母亲之前，早在 1921 年秋白就第一次去了苏俄，他是最早直接向中国介绍苏俄的人之一。

秋白的家庭已经破落了，他走向社会的时候看到了社会的黑暗，看到了中国人在那样痛苦地生活，所以他曾在国庆节（双十节）时在家门口吊了一个灯笼，上面写着"丧"字。这当然不是为了庆祝，而是讽刺社会的黑暗，辛亥革命成功，民国成立了，应该是很兴奋的一件事情，但是人民生活还是很苦。他看到了社会的黑暗，所以他要到苏俄去看看这个国家的革命，革命成功是什么样的，他很好奇。他自己有一个理想，就是要开辟出一条光明的路。所以，他作为记者采访苏俄，是想看看苏俄到底发生了怎么样的变化，他到苏俄去就是要探求这条光明的路如何去走。那时国内外有些记者，没有去过苏俄，但对苏俄革命造谣中伤，不能真实地反映苏俄的实际情况。他由此成为第一个报道十月革命后苏俄状况的记者。

那是在 1920 年下半年，北京《晨报》和上海《时事新报》为直接采访和报道世界各国大势，决定派出一批驻外记者，分赴英、美、法、德、俄诸国。① 秋白作为北京《晨报》的特派记者前往莫斯科。

1921 年 1 月 25 日晚 11 时，秋白一行抵达赤色的都城莫斯科雅洛斯拉夫车站。他们 1920 年 10 月 16 日从北京火车站出发到抵达莫斯科，耗时近四个月。

---

①两家报社发表了《共同启事》，内称："吾国报纸向无特派专员在外探取各国真情者，是以关于欧美新闻殊多简略之处，国人对于世界大势，亦每因研究困难，愈趋隔阂淡漠，此诚我报一大缺点也。吾两报有鉴于此，用特合筹经费，遴派专员，分赴欧美各国担任调查通讯事宜，冀稍尽吾侪之天职，以开新闻界之一新纪元焉。"北京《晨报》1920 年 11 月 28 日首次刊载，以后一直到 12 月 16 日，每日照登这则启事。

在这期间，秋白见到了他一生的朋友郭质生，① 苏俄外交人民委员会东方司特地派郭质生来给秋白做翻译。秋白与郭质生一见如故，成为终生的知己。郭质生和秋白讲了许多苏俄革命中的奇闻逸事，实际生活中的革命过程。秋白说："考察从见郭质生起。"

那时，苏俄实行新经济政策，秋白如实报道了列宁和苏俄布尔什维克怎样建设国家。在秋白的苏俄报道中，也能看到这个国家真实的情形。虽然苏俄革命热情高涨，但是这个时候还是个经济落后的国家，民众沿街小便，戏院里吸烟室里烟灰火柴满地，约人常常失信，这些都是弊端。爸爸在苏俄生活也很艰苦，他用买的糖去换书和其他东西。

秋白作为记者采访了俄共第十次代表大会。1921 年 6 月 22 日，共产国际第三次代表大会召开，秋白采访报道了这次大会的盛况。

周海滨按：1921 年 3 月 8 日到 16 日，俄共第十次代表大会在莫斯科举行，列宁作了关于用实物税代替余粮收集制的报告。从 6 月 22 日到 9 月 23 日，瞿秋白的报道在北京《晨报》连载了 27 次，新闻标题是《共产主义之人间化——第十次全俄共产党大会》，写了长达 3 万字的文章介绍了苏俄的方方面面的情况。

在 7 月 6 日，瞿秋白在安德莱厅看到了列宁。他在当日就兴奋地写下新闻报道，真实地记录了这一具有重大历史意义的场面，并且最早向中国人描述了列宁的形象。他说，列宁出席发言三四次，德、法语非常流利，谈吐沉着果断，演说时绝没有大学教授的态度，而是一种诚挚果毅的政治家态度流露于自然之中。他说，每逢列宁演说，台前拥挤不堪，椅上、桌上都站堆着人山。电气照相灯打开时，列宁的头影便会投射在会场的标语、题词上。列宁的演说往往被霹雳般的鼓掌声所吞没。

让秋白记忆深刻的是，他在会间的走廊上追上列宁要求采访。列宁

---

①郭质生，本名维·斯·格罗戈洛夫，出生在中国新疆，汉学家，曾翻译《红楼梦》等中国小说，编著《俄汉辞典》。1979 年去世，终年 83 岁。

对秋白并没有挥手拒绝，而是停下来与他进行了简短的交谈。由于列宁这个时候会务实在太繁忙，他指给秋白几篇有关东方问题的材料让他参考，然后说了几句话，便道歉忙碌去了。虽然采访很短暂，但是秋白心里非常激动，这时他对马克思主义有了更加深刻的认识。此外，秋白在会上还采访了托洛茨基。

秋白除担任新闻记者外，作为当时莫斯科仅有的翻译，从1921年9月开始到莫斯科东方大学中国班担任翻译兼助教。

周海滨按：东方大学成立于1921年5月，是一所政治性的学校，名誉校长斯大林。学生大部分来自苏俄远东各少数民族，也有一部分是从远东各国来的，其中有中国、日本、朝鲜等国的学生。中国学生单独编为中国班，刘少奇、罗亦农、彭述之、任弼时、柯庆施、王一飞、卜士奇、肖劲光、梁柏台、蒋光慈、韦素园、曹靖华、胡士廉、许之桢等都在这里学习。瞿秋白在班中讲授俄文，担任政治理论课的翻译，讲授唯物辩证法、政治经济学等课程。

1922年1月21日，远东各国共产党及民族革命团体第一次代表大会在莫斯科举行。① 秋白是带着病参加会议的，但是他很兴奋。他的病本不轻，医生说他的一叶肺已经溃疡，只能活两三年。他除了作为参加会议的代表，还承担会议的翻译工作，非常疲惫。因此，当大会闭幕式移至彼得格勒举行时，他便病倒了，口吐血痰、发高烧昏睡了四五天。

秋白作为向中国最早系统报道俄国十月革命后社会状况的新闻界先行者和最早作为中国与苏俄及共产国际之间的翻译桥梁，太需要休息了。他被送往莫斯科，然后住进高山疗养院。住院期间，秋白并没有真

---

①这次大会是为了推动和促进远东各国民众的民族解放事业，抵制和对抗西方列强瓜分远东的华盛顿会议而召开的。中国、日本、朝鲜等都派出了代表团。中国代表团由相当广泛的社会成员组成，中共代表是张国焘，国民党代表是张秋白；高君宇、王尽美、邓恩铭、瞿秋白、林育南、任弼时等共产党员、社会主义青年团员，也分别以各地区、各团体代表的资格出席大会。

正的休息下来，他伏在床头写了大量的作品，光发回来的以《晨报》"莫斯科通信"专栏发表的报道就有 17 篇。

这是秋白第一次去苏俄，只有 22 岁，但是因为医生说他的一个肺已经烂了，他就拼命地工作。他说我一天不做事情就很不舒服，他一天工作十几个小时。他做的事情远远超过他 36 岁的精力，500 多万字的文学作品和政论，一共六卷文学篇、八卷政论篇，他还可以做很多，甚至于后来在狱中的时候，他不知道自己还能活多久，但是他写了一个提纲，大概有几十个题目，他准备写，有文学性的，也有政论性的。

周海滨按：1922 年 11 月 5 日到 12 月 5 日，共产国际第四次代表大会召开，陈独秀率团参加，瞿秋白还是担任翻译工作。早在 1917 年瞿秋白初抵北京期间，就去位于沙滩的北京大学旧址听过陈独秀、胡适等新文化运动舵手的课。瞿秋白原本想报考北京大学，但是堂兄瞿纯白无力资助，后来才考取的北洋政府外交部俄文专修馆，不仅学习俄语，还自学了英语、法语，为以后研究拉丁文打下了底子。陈独秀会后邀请瞿秋白回国工作，让他主编《新青年》季刊。1922 年 12 月 21 日，瞿秋白离开莫斯科回国，这时他不到 24 岁。

秋白第二次赴俄与我所亲历的六大

1928 年 4 月 30 日，秋白第二次动身去苏联，筹备中共六大；同年 5 月，作为中共六大代表的母亲带着我，与罗亦农的夫人李文宜一起也秘密来到莫斯科。从上海出发到大连，辗转到哈尔滨后到满洲里。过境时，我掩护过好几个中共代表，在母亲的引导下叫几位叔叔"爸爸"。不过，后来我不叫了，为什么？那么多爸爸谁相信？我就不再叫他们爸爸了。那个时候，我才 6 岁，还不懂事。

秋白住在共产国际的宿舍——柳克斯公寓，在特维尔斯卡亚大街

（今高尔基大街），共产国际各个团的团长住在那里，离克里姆林宫不远。秋白第一次旅俄时住过的东方大学宿舍，就在这条街的 A 字 15 号。柳克斯公寓的房间，每月要付 40 多卢布的租金。秋白每月约有 250 卢布的薪金，足够一家的开销。当时莫斯科的物资匮乏，有钱也难买到东西。食品更缺，有时一连三个月，顿顿饭的菜品只有鱼类，吃得使人腻味。母亲总是设法调剂副食品，尽可能使父亲吃得好些。

母亲在莫斯科中山大学特别班学习。这个班的同学里有吴玉章、林伯渠、何叔衡、徐特立、方维夏、江浩、夏曦、董必武、叶剑英、赵世兰、李文宜、杨子烈等。别的班的同学称特别班为"老头子班"。母亲来到这里，顿时使班中热闹起来，人们常常看见她在校园里参加篮球、排球运动。

六大在中共历史上很特殊，会址不在国内而在国外。我去了没多久，中共六大就开了，开会时我还记得，是在莫斯科郊区兹维尼果罗德镇附近的一座乡间别墅——银色别墅举行的。我当时去过，别墅共有三层，六大秘书处的办公室在一层，二层有可容七八十人的客厅，中共六大的全体会议就在这里举行。二楼其余房间住大会代表，秋白和周恩来等都住在这里。三楼也住代表。当时是夏天，别墅附近有一个国营农场和一些零落的农舍，田野一片碧绿。代表大会期间，秋白是主持这个会议的，当然很忙。他很少有时间陪我。因为在郊区，他们偶尔带我去采集野花，我夹在本子里，或者我自己叠纸玩。

由于当时没有找到幼儿园，李文宜阿姨就带着我，她当时是列席代表。现在正式的代表都已经去世了，我恐怕是唯一目睹六大开会情况的人了。当时我很天真活泼，每逢他们休会，我常常会给那些代表唱歌、跳舞，现在我还喜欢跳舞，我跳舞喜欢找最好的舞伴跳。

周海滨按：6 月 14 日、15 日，中共第六次全国代表大会准备会议召开。瞿秋白、周恩来、蔡和森、李立三、王若飞、项英、关向应、向忠发、邓中夏、苏兆征、张国焘等人参加，共产国际书记布哈林也出席了会议。大会期间讨论了由瞿秋白起草的准备提交大会的政治报告。斯大林还专门会见了瞿秋白、苏兆征、周恩来、邓中夏、李立三等人，斯大林请瞿秋白等人介绍中国革命斗争的形势和任务，并对中国革命问题发表了意见。斯大林认为中国革命还处在低潮，但是正在走向高潮。他还用红蓝铅笔在纸上画出几条曲线，然后在曲线的最低点画出几朵浪花，向持乐观态度的同志解释说，即便是革命处在低潮，也会有浪花溅起，不要把工农斗争的小浪花当做大风大浪。这个月的 18 日下午，中共第六次全国代表大会开幕。主席团中有瞿秋白、周恩来、李立三、蔡和森、邓中夏、向忠发等，还有斯大林、布哈林。六大的政治决议草案由瞿秋白起草，米夫、布哈林修改。这个决议案在 7 月 9 日下午的大会上通过，全场欢呼"中国共产党万岁！"并高唱《国际歌》。在随后的选举中，瞿秋白继续当选为中央委员，并在六届一中全会上当选为中央政治局委员。由于他被指犯了"左"倾盲动的错误，在选举中得票较少。

我 2002 年又去了一次六大会址，领导人住的房子外面坏了，里面还可以住。开会的房子已经改成人家住的一个一个的房子了。

中共六大后直至 1930 年 7 月，我们一家共同在苏联工作和生活，在那片赤色的土地留下了难以磨灭的回忆。在中共六大期间，共产国际书记布哈林宣布，共产国际不再向中国派遣常驻代表，改为中共在共产国际设立常驻代表团。中共六大结束后，秋白被留在莫斯科，担任中共代表团第一任团长①。他和母亲住在共产国际宿舍楼里的一间房子，前半间办公，后半间作为卧室。桌子上有一张母亲与我的照片，秋白在上面题有"慈母爱女一九二九年消夏小别"。

在这年底，父亲因病到南俄的黑海疗养地休养了一段时间。回到莫

---

①代表团由五人组成：驻共产国际代表瞿秋白、张国焘；驻赤色职工国际代表邓中夏、余飞；驻农民国际代表王若飞。

斯科又投入到紧张的工作中，结果到 1929 年初春，父亲的肺病又加重了，不得不再去休养，地点是马林诺的列宁疗养院，位于莫斯科南面数百英里，要坐一夜火车才能到达。在这个乡村疗养所，父亲爱上了滑雪，后来回到莫斯科，他还去滑过雪。

在这分离的一个多月里，父母之间多次通信，有时一天甚至写两封信。这些信中有许多内容是说国内和莫斯科等情况的，其中就有苏兆征不幸病逝的消息。

周海滨按：在苏联时，苏兆征曾患阑尾炎入院治疗。1929 年 1 月，因国内革命斗争需要，他抱病回国，同年 2 月 20 日，病逝于上海。瞿秋白悲痛地说："可是他的死状，我丝毫也不知道，之华，你写的信里说得太不明白了。他是如何死的呢？之华，你自己的病究竟怎样？我昨天因为兆征死的消息和念着你的病，一夜没有安眠，乱梦和恶梦颠倒神魂，今天很不好过。"他接着说，"我俩格外的要保重自己的身体，——我党的老同志凋谢得如此之早啊。仿佛觉得我还没有来得及做着丝毫呢！"

秋白还在信中时常提及我，他说："独伊如此的和我亲热了，我心上极其欢喜，我欢喜她，想着她的有趣齐整的笑容，这是你制造出来的啊！之华，我每天总是梦着你或独伊。"

秋白还给我写信。信里说，"你看好爸爸滑雪了"。

孤儿院、森林学校、国际儿童院

由于在当时没有什么幼儿园，父母就把我送到了孤儿院，我很不愿意在那个孤儿院里呆。孤儿院里的流浪孩子，特别是男孩子，都像小流氓似的。虽然都是七八岁大，但是打人。我不会说俄语，个子又小，黑头发，他们就说："来了一个犹太人，打她！"一群小男孩围着打我。他们还骗我，把我装到一个装旧衣服的箱子里，然后坐在上面，要把我闷死。等到老师来了，他们才开，老师要是不来，我就死在里面了。我不愿意呆在这里，老是哭。但是没办法，我爸爸妈妈要我在这里念书。爸爸来看我的次数比较少，妈妈来的次数多一些，李文宜阿姨来的次数最多。每次他们来我就哭，说不在这里呆了。他们走了之后，我一遍遍地坐他们坐过的地方，他们走过的路，我从头到尾一步步地走，像是在感觉他们还在这里一样。你不能理解，我是那么的那么的想他们。

我喜欢吃牛奶渣，每隔一星期，秋白从共产国际下班回来，路过商店总不忘买一些回来，带到孤儿院给我吃。妈妈和李文宜阿姨来看我时，就说也要买给我吃。我当时也不知道秋白不是我的亲生父亲，就以为他是我的亲生父亲。

后来我转到了一个森林学校，实际上叫儿童疗养院。在森林学校，为了讲究卫生，无论男孩女孩一律要剃光头。我冬天去的，第一次剃了头发，很不喜欢。秋白为了安慰我，给我写信。

独伊：

我的好独伊，你的头发都剪了，都剃了吗？哈哈，独伊成了小和尚了，好爸爸的头发长长了，却不是大和尚了。你会不会写俄文信呢？你要听先生的话，听妈妈的话，要和同学要好。我喜欢你，乖乖的小独伊、小和尚。

好爸爸

我叫他"好爸爸"，因为妈妈喜欢他，让我叫"好爸爸"，所以他每次签名都是"好爸爸"。有时他还画我牵着一只"小兔子"，写类似于这样的很短的中文信件。但是我在森林学校时，秋白没时间来看我，大概来了一两次。

他们有的时候夏天来，有的时候冬天来，冬天来了去坐雪车，我坐在小雪车里，秋白拉我，他自己假装跌一下，我就笑他，我说："爸爸那么大都跌跤，我都不跌跤你跌跤。"他喜欢画一个滑雪板，或者是一个兔子，秋白多才多艺嘛，一笔一划就画出来了。

我永远也忘不了在莫斯科儿童疗养院时的一件事。那次，秋白和母亲来看我，带我到儿童院旁边河里去撑木筏玩，秋白卷起裤管，小腿很细很瘦，站在木筏上，拿着长竿用力地撑着，我和母亲坐在木筏上。后来，秋白引吭高歌起来。接着，我和母亲也应和着唱，一家人其乐融融。

再后来，我到了国际儿童院了，国际儿童院里有来自几十个国家的孩子，很多儿童刚来的时候不会或不太会讲俄语，那些大些的孩子就教这些弟弟妹妹。我也带过一些比我小的孩子。我们大孩子还常去幼儿班，带那些不同国家的小朋友一起做各种游戏。

在国际儿童院，我们中国小孩子开始只有三个：苏兆征的两个孩子，还有我。父母从莫斯科坐火车到我们那里，因为爸爸妈妈难得来看我们一次，我们三个孩子就都把他们看成自己的爸爸妈妈。

1930年秋白从苏联回国主持党的六届三中全会，母亲也要一起回国，我还留在莫斯科国际儿童院。临行前，他们对我说，有事要去南俄，也就是现在的乌克兰，很快就会回来。我没能与秋白再见上一面，我当时发烧住在医院里。在回国前一天，母亲还去医院看了我，我还责怪妈妈不遵守时间。

秋白回国后，我还经常去他们的苏联好友家中去，一位是鲍罗廷，一位是郭质生。

秋白和鲍罗廷很熟，因为在大革命时期，一起工作过，做过他的翻译，还共同参与起草了国民党一大宣言。

周海滨按：1923年10月6日，鲍罗廷来到广州协助孙中山改组国民党，共产国际代表马林向鲍罗廷推荐说，瞿秋白是中共党内除了陈独秀、李大钊之外最好的同志，是唯一真正懂得马克思理论的人。鲍罗廷于是接受建议，把秋白调到广州协助自己。

每逢假期，鲍罗廷夫妇就把我接到家里来。鲍罗廷的小儿子诺尔曼也乐于以"保护者"自居，爱护和关照我。我喊鲍罗廷夫妇"爷爷"和"奶奶"。当时鲍罗廷在主编英文版的《莫斯科新闻》，几乎每晚都工作到深夜。我时常在夜间醒来，从自己的地铺朝写字台偷偷地望去时，总会看见他在台灯下伏案工作，同时听见他的钢笔在纸上划过时发出的声音。

郭质生是汉学家，秋白编拉丁文字时，郭质生和他一起研究，成为很好的朋友。秋白这次回国前，郭质生把秋白10年前就寄存在他处的两本研究拉丁字母的笔记带来了。郭质生家我后来也是去了好多次。

周海滨按：1929年10月，瞿秋白写成了一本名为《中国拉丁化字母》的小册子。

1930年的8月1日，父母回国途中从柏林给我寄来两张明信片，一张明信片是两只小狗戴手套，另外一张明信片上有一束"勿忘我"花，背景天空是蓝色的，正面左下侧写着"独伊"，背面用俄文写着："送给独伊。妈妈。一九三〇年八月一日，克里米亚。"但我能够看得出，明信片上的俄文、中文都是父亲的笔迹。后来，他们还给我寄来了一张印着一个大飞艇的明信片，上面写着"你长大了，也为祖国造这样的大飞艇"。

秋白下台和留在苏区

我根本没有想到，秋白这次回国就是我们父女的永别。

1930年7月，共产国际派秋白和周恩来回国纠正"立三路线"。9

月 24 日至 28 日，中共扩大的六届三中全会在上海举行，秋白、周恩来主持会议。此时米夫是共产国际东方部的部长，他在幕后支持王明搞宗派夺权计划。当时矛头对准了秋白，要把秋白打下来。他在六届四中全会上抬出王明，撤销了秋白的政治局委员职务。

王明一开始是莫斯科中山大学的学生。在中山大学时，王明搞宗派活动，排斥很多老同志，打击正派的人，秋白和陆定一、邓中夏等都反对宗派活动。他们闹得非常厉害。他们诬陷所谓的"江浙同乡会"是政治组织，有几个浙江人一起来反对支部，实际上完全是捏造，不过是他们几个浙江人一起吃饭而已。联共中央和共产国际，这时一致肯定中山大学支部局的政治路线，谴责反对派；批评中共代表团，认为秋白应负中山大学反党小组织事件的主要责任。

周海滨按：莫斯科中山大学是苏联党和政府为国共合作时期的中国培养革命人才而设立的学校，1925 年 11 月开学。学生有国民党员，也有共产党员。中山大学后改为莫斯科中国共产主义劳动大学。第一任校长拉狄克，1927 年夏因与托洛茨基接近而被解除校长职务，由副校长米夫接任。米夫这年只有 27 岁，在学生中威望不高。但他在半年以后，1928 年 3 月却当上了共产国际东方部副部长。

我的三叔景白（1906—1929），是中山大学学生，是秋白带他出来参加革命的。在这场斗争期间，一气之下，他把联共党员党证退给联共区党委。就在这一天，他"失踪"了。是自杀，还是被捕？当时谁也说不清，也不敢说清楚。

中共第六次代表大会期间，米夫从东方部和中山大学调了一些人参加会务和翻译工作。王明被米夫安排担任重要译员，参加了斯大林会见中共领导人的谈话。秋白和李立三等人向斯大林请教的一些问题，在王明看来，都很可笑。

从 1931 年 1 月开始，秋白就开始做各种文艺工作。共产国际开除了他，没工作了，就搞文艺工作。1934年初，父亲被派往江西瑞金中央苏区，而母亲则留在上海继续工作。博古他们宗派挺厉害，只叫我父亲去，不叫我母亲去，借口说母亲的工作没有人能代替，就是有意让他一个人去。母亲后来在《回忆秋白》的书中写下分离时的情景：

> 秋白离开上海的日子是一九三四年一月十一日。那天晚上，同我一起工作的同志们各出一元钱，叫了一个菊花火锅，买了些苹果，准备了一顿比较丰盛的晚餐给秋白饯行。到深夜十一点，秋白离开寓所到轮船码头去，我送他到门外。这夜刮着寒风，下着大雪，秋白只穿了单薄的寒衣，负着病弱的身体，迎着风雪向前走着。快到弄堂口时，他停下脚步，回头走了几步，在白雪纷飞中显得昏黄暗淡的路灯光下凝视着我，缓缓地说："之华，我走了！"我激动地回答他："再见，我们一定能再见的！"①

当时父亲说，我们还会见面的，但是这一次可能等待见面的时间要长一点，所以他买了10个本子，说5本我拿着，5本留给你，因为在苏区不好写信了，你写信给我就写到这个本子上，我写在我的本子上，以后我回来，可以交换着看。

秋白在苏区任教育人民委员会委员，他不仅在教育方面工作做得有声有色，而且在文化方面也搞得生机勃勃。写剧本、改剧本，参加演出，他都亲自参与。1939年5月，萧三到延安跟毛泽东谈起秋白牺牲时说："如果秋白还活着的话，我们延安的文化工作可以做的很活跃，可惜他牺牲了。"毛泽东也觉得很遗憾。我后来拜访萧三，他也和我说了这件事。

1934年秋，中央红军在仓促中决定进行战略转移，秋白奉命留守江

①杨之华：《回忆秋白》，人民出版社1984年版，第150页。

西，任中共苏区中央分局宣传部长。根据张闻天的回忆，中级干部是由他决定谁留谁不留；高级干部是由最高"三人团"决定的。三人团是博古、李德、周恩来。政治上由博古作主，军事上由李德作主，周恩来负责督促军事准备计划的实施。

当时甚至想把毛泽东留下来。后来周恩来说，毛泽东，我们还是应该带走。他也给父亲说过话，秋白也应该带走。但是被拒绝。秋白当时听说要留下来，当然心情很不愉快，他也希望走，但是还是服从组织决定。之前，我母亲没让来苏区，如果我母亲来了，对秋白的身体健康和工作都会有很大的帮助，也不至于在苏区艰苦条件下拖着病体生活。

第二天，陈毅看见秋白还在就很诧异，问他怎么还不走，陈毅说："我的马比你的马好，你赶紧骑上去追上队伍。"秋白说："我要留下来的"。陈毅说："怎么要留下来了？"秋白说，领导决定的，要我留下来。陈毅觉得很不公平，但也没办法。

中央红军出发那天，秋白把自己的一匹好马送给了长征队伍中最年长的徐特立，让马夫跟着徐特立上路。

大概在 1936 年，秋白牺牲以后，廖承志跟博古看到秋白牺牲的报纸，博古感慨地说，如果他跟我们一块儿走，就不至于牺牲。1981 年在常州修瞿秋白纪念馆的时候，我把这个事说了出来，在场的很多人都流泪了。

秋白的被捕与就义

红军主力离开江西苏区开始长征后，国民党军队继续派重兵"围剿"苏区，留守的秋白在突围转移中被俘，被重赏通缉了 11 年，终于"落网"，这对国民党来说无疑是个天大的喜讯。

瞿秋白、何叔衡、邓子恢带领一支小分队在福建闽西山区游击转移的紧急突围的战斗中，何叔衡因年老体弱掉下悬崖，中弹牺牲；邓子恢熟悉地形幸免于难；秋白因长期患肺结核，躺在担架上翻山越岭难以支撑，邓子恢三番五次地叫他走，他说："我病到这个样，实在走不动了，你快走吧，我在这里不会被发现的。"在半山灌木丛中，秋白被逮捕。敌人发现秋白携带有港钞、黄金，护送人员有驳壳枪，认为他是共产党的重要人物。

秋白被押往长汀三十六师师部，师长是宋希濂。宋希濂读过秋白的文章，听过他的演讲。他称秋白为"瞿先生"，并且给予生活上的优待。所谓优待就是给了他稍微一点自由，可以看书了。他喜欢看书，宋希濂就给他想办法弄一点。秋白对于大小军官求诗、求印的要求也是来者不拒。宋希濂还是很同情秋白的，所以他给秋白看病，秋白写的诗什么的，能够保留的一些东西，保留了下来。

宋希濂说，他还在长沙中学读书时就读过瞿先生访问苏联的文章，后来到广州在黄埔军校又读过瞿先生的文章，并听过他的报告。他说："那时我对瞿先生曾经崇敬过，仰慕过。但是我当时肩上的国民党中将的军衔促使我对瞿先生采取了一些非常措施。"

后来，我和女儿去见过宋希濂。在此之前，宋希濂特赦的时候，有关部门来征求母亲的意见，母亲说按照政策办，没有阻拦。

宋希濂告诉我："你爸爸面对劝降的时候非常硬，丝毫没有投降的意思，我也跟他谈过几次话，劝过他放弃共产主义信仰，说共产主义在中国行不通，孙中山的三民主义才适合中国国情。瞿先生说蒋介石背叛了革命，屠杀人民，背叛了孙中山的三民主义……我是他的学生，以前看过他的文章，作为我个人，我对你爸爸没有这样子的必要。但是我的职务使我要枪毙你的父亲。你父亲没有出卖组织，这一点我可以保证，在'文革'期间，有很多红卫兵来问我，我也是这么说的。"

宋希濂说："当时我直接审问过他，手下人多次审问过他，南京国民党组织部专门派人来审讯过他。他除了承认自己是共产党员，并没有出卖任何共产党的组织和任何一个秘密共产党员。他写的《多余的话》我印象很深，当时我看过的，这篇文章是瞿先生对往事的回顾和剖析，从文学上看情调伤感消沉，但不是对从事革命事业的忏悔。"

当宋希濂对秋白说，时到今日，你还没有对我们讲一点有关共产党和"匪区"有价值的情况时，秋白说："我对自己的处境十分清楚，蒋介石绝对不会放过我，自从你们知道我的身份之后，我就没有打算活下去……"

蒋介石派的国民党的特务，劝降劝了好久。就在行刑前 5 天，国民党还继续派员游说说不必发表反共声明和自首书，只要答应到南京政府下属机构去担任翻译或者担任大学教授都可以。

他们说："中央是爱惜你的才学我们才远道而来，你的家属也很想念你。你死了，中共给你开个追悼会，你觉得好吗？"

"何必讲这些呢？"他说，"我死就死，何必讲什么追悼会呢。"

他们又用亲属打动他："你为了亲属也要活吧？"

秋白说："我的爱人杨之华绝对不会允许我这样做，如果我这样做了，就是对他们最大的侮辱。"

蒋介石曾经召集一些国民党的官员商议究竟怎么处置瞿秋白，说枪毙不枪毙，蒋介石和戴季陶都要枪毙他，蔡元培一个人说，不能枪毙瞿秋白，他是中华民族难得的一个人才，像他这样的才华实在难得，所以不应该枪毙。瞿秋白同志的牺牲，确实很可惜。鲁迅先生曾说过，像瞿秋白那样才华横溢、懂得中文和俄文的，中国不多见。

秋白从 20 多岁起，就承担着中国共产党在思想理论上开拓和指导的重任，做了大量的探索、始创和初步系统化的工作。戴季陶曾说："瞿秋白赤化了千万青年，这样的人不杀，杀谁？"

蒋介石发密令给龙溪绥靖公署蒋鼎文，要求就地枪决瞿秋白，照相呈验。因为如果送到南京去，怕在路上被劫持了。实际上秋白知道蒋介石不会让他活很长时间，不会放过他的，肯定要枪毙他，但是他对死很坦然。

1935年6月18日要枪毙秋白，所以6月17日通知他，要枪毙他。真正要枪毙那天，要他出来，他说等一会儿，我的诗还没有写完，他把诗的最后几句话写完就出来了，这就是他的绝笔诗，然后他署上"秋白绝笔"。秋白当时上身穿黑色对襟衫，下身穿白布低膝短裤、黑线袜和黑布鞋。黑上衣是母亲给他缝的，后来寻找尸骨，挖出来辨认时，她认得那个衣服的扣子。

秋白很坦然地走到中山公园，中山公园有个亭子，他站在那里照相，然后给他准备了四碟菜，他很坦然地喝酒吃菜，然后出来用俄文唱国际歌。国际歌就是他在北京堂兄家翻译的，翻译的时候他一边弹风琴一边翻译。国际歌里其中有一句是比较难翻译的，国际的中文发音非常之短，配不上外文的，尤其是唱歌的时候很不方便，他就自己创造了新的翻译，这样子唱起来就很好，他一边弹一边唱，这样翻出来就很合适了。

秋白赴刑场前很坦然，不像是赴刑场，没有一点紧张或是害怕。他还抽烟，一边走一边抽烟。他神态自若，街上人和记者看这场景都看不出来谁是要枪毙的。

走了大概有一里多地到了罗汉岭刑场，后面有一座山，秋白就坐在那块平地上，说："此地甚好。"

宋希濂告诉我说："瞿先生是唱着红军歌、国际歌，并高呼中国共产党万岁、中国革命胜利万岁、共产主义胜利万岁走向刑场的。"

他牺牲前喊口号，中国共产党万岁，中国革命胜利万岁，共产主义胜利万岁。他倒下时，大家非常安静，记者和其他的人都没有声音，都特别感动，因为都知道他是谁，这么牺牲觉得很可惜，但是也没办法。

秋白牺牲之后

　　1935 年的一天，国际儿童院派我们这些成绩比较好的孩子们在乌克兰德聂伯罗彼特罗夫斯克参观休息。忽然，我见几个同学围着一张报纸嘀嘀咕咕地、惊讶地议论着，还时不时地看着我，然后传给其他同学看，唯独不给我看。我感到非常奇怪，非争着要看不可。我说，你们干嘛在那里嘀嘀咕咕的，于是，我一把抢过来，原来是《共青团真理报》，报上详细报道了我父亲于 6 月 18 日牺牲的消息，并附有一张 4 寸大小的半身照。一直想念"好爸爸"的我惊呆了，随即失声痛哭起来，后来我就晕倒在地。

　　我休克了，不能说话、不能动，还在哭，但是我能听到别人说话。有人说，她是不是死了，我想说我没死，但是又说不出来。我的一位保加利亚女老师把我躺在一个沙发上面，拿来一瓶花露水擦我全身，这样我才能动了。

　　当时特别的难受，我觉得秋白太年轻就牺牲了，很可惜。我还担心妈妈一个人以后怎么办，以后一定很痛苦。我就一直哭，吃不下饭。回到国际儿童院，我到晚上不能睡觉，得了失眠症，也影响到孩子们的休息。

　　我的一个日本朋友就跟老师说我睡不好觉。老师骗我说带我出去玩玩，就把我带到莫斯科的儿童疯人医院，老师扔下我就走了。我这个日本小朋友知道老师要送我去那，就说："他不是疯子，她就是想她爸爸。"在这个儿童疯人医院，有些小孩把大便抹在墙上。在那里待了一个月，没有人管我，也没有人来看我，只有一个日本朋友给我来信说说情况，安慰安慰我……虽然国际儿童院很关心小孩，但是把我送到这样一个"神经病儿童医院"是很不应该的，对我刺激很大。

秋白牺牲后，母亲第二次来苏联参加共产国际第七次大会，她就把我从儿童疯人医院接了出来。母亲当时是在国际红色救济会做中国部的委员，七大开完了以后，她就留在苏联做这个工作。她去的时候很痛苦，因为那时秋白刚刚牺牲。晚上母亲也不睡觉，就拿出秋白写的信和文章看，在台灯底下，一边看一边掉泪，眼泪掉在信纸上。我就安慰妈妈说你不要哭，爸爸已经过世了，你不要哭，你哭也没有用，对身体还不好。我说我给你唱歌听，我就一首歌一首歌地唱，唱了《马赛曲》、《儿童进行曲》等好多俄文歌给她听。她就这样听了我的歌不哭了，睡了下来，能睡到第二天早上。这样连续几天，我都给她晚上唱歌，妈妈后来就不哭了，情绪慢慢就好转了。

他俩感情很深。这些信写得很热情，他说我又梦见你了，梦见你和独伊，就是经常梦见你，经常想念你，我很想赶紧回来，回到莫斯科，看看你，拥抱你……聂荣臻元帅跟我讲过，他说他们这些老同志有时候也叫他们秋之白华。从 1929 年的信里也可以看出来。在苏联疗养院，秋白一方面是在养病，另一方面也是受到了王明和中山大学校长的打击。当时，很多老同志受到打击，但主要是打击秋白。秋白那时候很烦躁，就写了很多信给母亲，比如：你的信使我陶醉在爱情之中，我记得你在上海怎么样给我织毛衣，怎么样给我整理东西，我的身体现在病得厉害，但是我想我会好起来的。他说，我们还年轻，起码还有 20 年的时间要一起工作，所以一定要把身体养好，一起携手走下去。

1935 年到 1941 年，母亲一直在苏联工作，在那里王明又打击我母亲，撤销她的工作，不给她生活费，让她连基本的温饱都无法解决，生病也得不到治疗，还诬陷她有政治问题。1938 年 8 月，党中央派任弼时接替王明的工作，母亲才被送到疗养院疗养，后来母亲去了共产国际的党校，可以一边学习一边休养，帮忙做翻译工作等等。

周恩来去苏联治手的时候，我和妈妈还去探望过，在苏联的克里姆林宫医院，邓颖超和孙维世在照顾他，他不能写东西，孙维世就做他的秘书帮他写。临走的时候母亲要求跟他一起回国，周恩来说，你身体不好，继续养病，不要太思念秋白，把身体养好，再回去工作。

周海滨按：瞿秋白就义后第十二天——1935 年 7 月 1 日，《中央日报》发布了瞿秋白在长汀被枪决的详细消息。7 月 3 日至 6 日，《福建民报》连载瞿秋白狱中访问记，6 日《时事新报》以白话形式转载，8 日《国闻周报》第十二卷二十六期转载。当时，中央红军还在长征途中，所以最早对这一信息作出反应的是在苏联莫斯科的中国共产党组织。在莫斯科共产国际执委会工作的郭绍棠最早得知秋白就义的消息，他在《回忆瞿秋白》一文中这样记述："我第一个了解到他牺牲的消息。我将发生的情况向共产国际执委会领导成员作了报告，他们听到这个悲痛的消息都很震惊。皮克、贝拉·库恩、马·卡申、曼努伊尔斯基、克诺林、科拉罗夫、库西宁、加·波利特等分别为共产国际悼念瞿秋白的专号墙报写了悼念文章。"

从新疆监狱到母亲去世

我 1928 年去的苏联，1941 年 9 月，苏德战争爆发三个月后，我和母亲一行五人回国到达新疆时，因回延安的路已被切断，只好暂住在新疆八路军办事处。当时留在新疆的同志有三部分：一是军阀盛世才从延安请来在新疆各部门帮助工作的同志；二是由苏联教官训练的红军航空队员；三是从苏联回国路经新疆的同志和部分在新疆养病的红军伤残人员。

先是毛泽民等一批男同志被捕入狱，我们开始只是被软禁，两三个月以后我们也进了监狱，男女分开，女的和残废军人在一起。那时，我们还没有受到什么虐待，院子锁着，没有自由，但是房间没有锁门，大家可以互相来往。中间搬了好几次，最后一次是在迪化市第四监狱，呆的时间最长。吃饭是一天两顿，一桶没有一点油水的烂白菜汤，放一点盐，然后一木箱馒头，馒头里面掺了沙子，吃起来咔溜咔溜响，馒头不限制随便吃，但是没什么营养。

于是，我们想了个办法。在进监狱的时候我们带了一些衣服，我还带了溜冰鞋，我们托看守帮忙变卖，再买一点羊尾巴油，吃馒头的时候抹一点，就有油水了。还买葡萄干和牛肉干，牛肉干我们舍不得吃，一年四次节日的时候，我们趁机给男监的同志，一人送五六个牛肉干以及葡萄干、黄豆。我们自己主要是抹点羊尾巴油，吃点葡萄干，牛肉干是舍不得吃的。

妈妈患有肺病，在狱中病情加重。狱方不得不派人陪她外出到医院看病。医生是苏联人，妈妈用俄语同医生交谈，希望医生能通过苏联领事馆向共产国际通报中国革命者在新疆被捕的情况。不久，妈妈再一次看病的时候，苏联医生悄悄地塞给妈妈一张小纸条。回到狱中，妈妈打开纸条一看，原来是共产国际给大家发来的鼓励电话："同志们，你们要坚持！"落款是共产国际领导人季米特洛夫。

一共有150个左右的人被关押在那里，除了我们这些苏联回来的路过人员，还有八路军办事处来新疆的一些工作人员等。我们呆了4年，出狱时只有130人，好些不是病死了，就是牺牲了，或者早就叛变了。软禁以后，毛泽民、陈潭秋、林基路三位同志就被杀害了。抗战胜利后，经过党组织的营救和张治中将军的努力，在新疆的中共被捕人员终于获得自由。1946年6月10日，新疆监狱里释放出的人员分乘10辆大卡车，于7月10日抵达延安，受到毛泽东、朱德、林伯渠等中央领导的接见。

我记得，在新疆监狱有一次和他们发生过冲突，是因为他们要分开我们，好做策反工作，我们不同意，和他们发生了冲突，他们打了我们几个人。然而，我的新疆监狱时的一个狱友，没有死在新疆监狱，死在了"文革"的监狱里。

母亲在"文革"中遭受迫害致死。她解放后先是在妇联国际部工作，然后担任全国妇联副主席、国际部部长，全国总工会女工部部长，"文革"被逮捕以前在监察委员会工作。

她身体一直不好，以前有肺病，但是她凭坚强的意志，一直跟肺病斗争，后来病就好了。母亲1973年10月20日去世，实际上她只有三天自由的呼吸。"四人帮"把她逮捕，关在秦城监狱等地方，我给周总理写信，请求他们让我母亲保外就医，但是保外就医只有三天，而之前我每隔10天才能见她一次，所以跟她见面是件很不容易的事。

我在新疆期间与李何结了婚。那时候，我的中文很差，在狱中我补习起了中文，李何对我进行了辅导。开国大典时，我为苏联文化友好代表团团长法捷耶夫一行当翻译。当时，我用俄文广播了毛泽东宣读的中央人民政府公告。

解放初期，我和丈夫再度前往苏联，筹建新华社莫斯科分社。当时，莫斯科分社里就只有我们俩，我们是"八大员"，译电员、翻译员、交通员、采购员、炊事员等。我们从来没有礼拜天，没有八小时工作制，每天要工作十几个小时以上，但是工作很有热情，并不觉得累。

那时候没有车，采访去都要坐公共汽车，我们也不"打的"，因为要费公家的钱。有一次，我和李何去外交部新闻室办事，没带雨伞，结果淋得像"落汤鸡"一样，全身都是湿漉漉的。

新闻室室长说，你们为什么不派通讯员来。我说："我们没有通讯员。"

那你们为什么不"打的"来？我说："我们没有这个开支。我们要节约，我们中国现在刚刚成立，国家还很困难。"

大概 1952 年给我们定了工资，我们每人 1900 多卢布。我向李何建议，我说我们中国现在还很困难，不要这么多，要减轻国家的负担，所以我们要减工资，我说我建议你减到 1700 卢布，我减到 1500 卢布，给国家省一点钱，这样心里比较舒服一点。

1957 年我回国，被分配在中国农业科学院工作。

李何 1962 年就过世了，才 44 岁。他先是做新华社记者，1953 年转成人民日报社驻莫斯科记者，回国担任人民日报社国际部副主任一直到去世。他生病在家时经常说，"我现在得了心脏病，走不动了；如果走得动的话，我要去上班。"那时候，《人民日报》在王府井那儿。

我只有一个女儿。原来有两个儿子。一个小儿子，战争年代就过世了。一个儿子在哈军工学习一年，23 岁就得了癌症过世了。女儿已经 20 年在国外了。1978 年，我才回到了新华社，在国际部俄文组从事翻译和编辑工作，直至 1982 年离休。

每年的清明节我都要去八宝山，那里有我的三位亲人，有人劝我说，你那么大的岁数不用亲自过去了吧。我说，那么大的岁数怎么了，应该尽的责任，我要去看我的爸爸、妈妈和丈夫。

"叛徒"平反

1966 年，"文革"运动掀起"抓叛徒"的浪潮，《多余的话》被污蔑为瞿秋白的"叛徒自白书"。1967 年 4 月 12 日，陈伯达在军委扩大会上的讲话中说："因为在党内有两种目的的人加入了党，所以就有两条路线的斗争。以无产阶级的代表人、无产阶级领袖毛主席为代表的，这是一条路线。还有以陈独秀、瞿秋白、李立三、王明、张国焘、刘少奇为代表的，这又是一条路线。他们是资产阶级的代表人。"

1967 年 1 月 19 日，红卫兵冲进江苏常州西门公墓，砸坏了在那里的秋白母亲金衡玉的坟墓。1932 年 6 月 19 日，在山东济南以教书为生的秋白父亲瞿世玮在贫病交加中与世长辞，被安葬在济南南郊。1949 年之后，瞿秋白、瞿景白、瞿坚白兄弟三人被追认为革命烈士，瞿氏后人也专程从常州来济南寻找瞿世玮的坟墓。后来，母亲又从北京专门致函山东有关部门，要求妥善保护瞿世玮的陵墓。秋白被打成叛徒后，红卫兵把瞿世玮的墓碑给砸掉了，坟也给平了，后来坟地变成了一片苹果园。

1967 年 4 月 13 日，康生也在军委扩大会上谈到《关于若干历史问题的决议》时说，"这个《决议》，对毛主席的作用有一些正确的论述，但是有些问题上是有错误的。譬如对瞿秋白的说法，对刘少奇的说法是不对的。" 4 月 23 日，康生在中共中央高级党校学工人员大会上讲话说："从陈独秀起，经过瞿秋白、李立三、王明、高岗、彭德怀、张闻天，一直到刘、邓，他们要走的是资本主义道路。"

5 月 12 日北京政法学院红卫兵冲进八宝山，砸坏了瞿秋白墓，母亲也随之被隔离审查，其他亲属都受到各种严苛待遇，还株连到了研究瞿秋白的人员及收集和保管瞿秋白文物的各级干部。

"四人帮"为了改写整部党史，不顾事实，硬把我父亲打成"叛徒"，使父亲的英魂在九泉之下遭受莫大凌辱。

周海滨按：这段口述有误。瞿独伊口述、周海滨撰述的《瞿秋白女儿独伊追忆父亲：九泉之下仍遭受莫大凌辱》刊发于《文史参考》2010 年第 8 期。雷颐先生在 2010 年第 10 期《文史参考》上刊文《"瞿秋白冤案"不始于"四人帮"的迫害》，对一处严重错讹进行了纠正。雷颐先生在文中指出：瞿秋白"冤案"是中共领导人中仅次于刘少奇案的第二大冤案，一般都认为是"四人帮"不顾事实，硬把瞿秋白打成"叛徒"。但追根溯源，"瞿案"实由毛泽东批评《多余的话》而起，个中隐情，值得深思。……文中说"'四人帮'为了改写整部党史，不顾事

实，硬把瞿秋白打成'叛徒'，使父亲的英魂在九泉之下遭受莫大凌辱"
却不甚准确。因为，"瞿秋白冤案"的"起源"，或说认定他是"叛徒"
至少是在1964年底，此时"文革"尚未开始，"四人帮"远未形成。

1978年，母亲的历史冤案终于平反昭雪，但秋白的名誉却一直未得
到恢复。我先到中央专案组查问，但得不到明确的回答。后来，我拜访
了原中共中央书记处书记、国务院副总理陆定一。

当时陆老刚被解放，住在医院里。我去探视他。

我问他："为什么我父亲被诬陷为叛徒？"

他对我说：大约1964年他当中共中央宣传部长时，毛主席问他要
瞿秋白《多余的话》看。陆老给了毛主席香港出版的司马璐著《瞿秋白
传》，其中附有《多余的话》。毛主席看过之后对陆老说："我实在看不
下去了，有没有秋白亲笔写的《多余的话》？"陆定一说："还在解放区
时，李克农同志曾说，外面有人要卖给我们瞿秋白的《多余的话》，是
原稿，问我要不要买。我说，这是伪造的，不要买……周总理曾对我说
过，他看见过，确是瞿秋白的笔迹。"

毛主席对陆定一说："今后不要宣传瞿秋白了，要多宣传方志敏
烈士。"

之后，我走访了杨尚昆，他原任中共中央办公厅主任。他说："大
约1962年主席看了《多余的话》对我说：'瞿秋白对革命有贡献，但临
终前写了《多余的话》，这是消沉，最多是动摇，作为一个有学问的人，
临终前还是可以谅解的。'我没有听到过主席说瞿秋白是叛徒。主席只
说过'瞿秋白怀才不遇'这样一句话。"

我还走访了原组织部部长安子文。

他说："1963年初，十来个人在刘少奇会客室，由刘少奇传达主席
的意见，说：'瞿秋白是叛变了，中央传达最高意见，说适当的时候将
宣布。'后来下面同志议论，认为这个决定不怎么公道。"

我去探望过薄一波，他问起我母亲的情况。我说："妈妈被林彪'四人帮'关押了近六年，被他们迫害死了。"薄一波听后流下了眼泪，他和妈妈共事过，很关心她。当我问起关于我父亲的事，薄老说："主席在六届六中全会上说过，盲动主义的责任加在瞿秋白身上是不公正的。这个责任应由共产国际罗米那兹负责。《关于若干历史问题的决议》对瞿秋白已有评价。"

薄老还记得毛主席说："立三路线问题，经过瞿秋白、周恩来已经解决。瞿秋白当时是比较有威信的领导人，如果叫他来搞，后来不至于产生像王明路线这样大的错误，就是由周恩来搞也不会发生王明路线。"

我还访问了丁玲。她说："我了解瞿秋白，早在解放区时就看过《多余的话》，我认为在《多余的话》里没有叛变的意思。"

冯雪峰的儿子冯夏熊对我说过："当红军要长征时，父亲找毛主席问过：'为什么像秋白这样的领导同志不和大家一起参加长征？'毛主席说：'我也提过意见，但没有用，要问一下组织部长李维汉。'"

有一天，我去北京医院探视廖承志。他说："独伊，你应该写信给党中央要求给你父亲平反。"廖公是我父母的好朋友，"文革"后期很关心我和父母的平反问题，为此帮助过我。后来到医院去看望陆定一，把廖公对我说的意思告诉了他。他说："你应该听廖公的话，给党中央写信。"

过了几天，陆老要我到医院看他，我到了他的病房，他说："我已写了一封信给陈云、黄克诚同志，请求为你爸爸平反。"并把此信底稿给我看，其内容如下：

陈云、黄克诚同志并转中央纪律检查委员会：

说瞿秋白是叛徒，我很怀疑，现向中央纪律检查委员会提出，请求复查此事，理由如下：

（一）瞿在被捕之后写了《多余的话》，情绪消沉。这篇东西，因周总理看过，确是秋白所写。但以此为据，判定秋白是叛徒，则证据不足。因为它究竟不是自首书或反共宣言。

（二）定秋白为叛徒的，是以谢富治为部长的中央公安部，时间在文化大革命之后。谢富治人很坏，当林彪、"四人帮"走狗，诬陷了很多好人，对瞿秋白的叛徒也拿不出可靠的证据，值得重新检查，不能轻率相信。

（三）秋白被枪决，国民党曾发过消息，登过报。如果秋白叛变了，国民党必须大肆宣传，但这种宣传并未发生。

专致

革命敬礼！

陆定一

一九七九年二月一日

于北京医院

我看完此信后，陆老说："你赶快给党中央写信。"回家后我就给党中央写了一封请求给我父亲平反的长信。

在这封信里，我提到 1946 年我母亲和我从新疆监狱释放回到延安，毛主席单独请朱旦华和我母亲吃饭，我也在场。毛主席关心地同母亲讲到瞿秋白时说："你放心好了，中央已经对他的问题做了结论了。"毛主席所说的结论指的是 1945 年《关于若干历史问题的决议》。

不久，中央纪律检查委员会成立了关于我父亲问题复查组。中纪委成立复查组之前，在报刊上已有人发表一些文章，如黎澍呼吁应恢复历史的本来面目给秋白同志平反。尤其是中国社科院近代史研究所研究员陈铁健的《重评〈多余的话〉》起到了为秋白平反的先导作用。后来复查组邀请陈铁健参加复查组的工作。

复查组组长孙克悠找我谈话，她说："你给党中央的信我们看到了，你放心，我们会实事求是地复查。你的姑妈也写了信要求给瞿秋白平反……"

枪毙他的宋希濂可以作证，我父亲绝不是叛徒。为了把问题搞得更清楚，我和女儿曾经去问过他一些事，他说："秋白先生在狱中确实写了《多余的话》，委托参谋长向贤矩寄给他在武汉的朋友，向贤矩问我可否寄，我说可以寄。蒋介石派两个中统特务到长汀和秋白先生谈话，劝降，但他们从瞿先生那里没有得到任何东西。秋白先生对共产主义的信念是坚定的。"

虽然他是亲手杀死我父亲的人，我们很光明磊落、不卑不亢的去看他，他也不尴尬，他说我对你们怎么说，就对红卫兵怎么说，他已经习惯了，很多人找他问这样的历史问题。他也很坦率地说："我看了《多余的话》，没有什么叛变自首，没有出卖谁也没有出卖组织，不过有一点消极的情绪。"

那天，我和女儿边听边记录证明材料。我们谈了约 40 分钟。回家后，把谈话记录整理后交给了中纪委复查组，以协助他们的工作。

中纪委复查组大约经过半年多的调查和复查，了解了实际情况，他们走访了许多知情的老前辈和研究人员，做了大量细致的工作。当时有些老前辈在报刊上发表了回忆瞿秋白的文章，这些文章为秋白的平反起了舆论推动作用，有力证明了强加给我父亲的"叛徒"帽子，完全没有一点根据！

中纪委复查组起草了为秋白平反的文件，提交给中共十一届五中全会批准，但遗憾的是这次全会只通过了为刘少奇平反昭雪的文件，而对父亲的平反文件未予通过。孙克悠告诉我，本来五中全会上拟为刘少奇和瞿秋白平反问题进行讨论和作出结论，但在五中全会上没有讨论有关瞿秋白的平反。她要我到京西宾馆找陆定一，请他在会议上提一提有关秋白同志平反的事。我真的去了并找了陆老，转告了复查组的话。他说:"我和刘澜涛同志一起都提了书面意见,但没有被大会采纳。这样一来五中全会没有讨论也没有通过有关瞿秋白的平反文件。"

在这期间,我打电话给当时的宣传部长王任重,问为什么秋白的平反问题在五中全会上没有讨论,是不是因为毛主席定的十二号文件,文件中说瞿秋白自首叛变了不好改,他回答说"是这样的",当时"两个凡是"还起一定作用。

1980年2月29日,邓小平在中央政治局会议上就瞿秋白的问题指出:"历史遗留的问题还要继续解决。比如这次会上提到的瞿秋白同志,讲他是叛徒就讲不过去,非改正不可。在处理这些历史问题的时候,要引导大家向前看,不要过分纠缠。"[1]

事实上很多人对我父亲还是很有感情的。

复查组走访了很多老同志,在上海还召开了20多位知情人参加的座谈会,材料收集得很充分。当时我想,如果能在北京召开这样的座谈会该多么好!北京有好多了解我父亲的老前辈,也刚好是父亲就义四十五周年快到了。

于是,我分别找了周扬、贺敬之、林默涵三位,给他们谈了我的这一想法,他们接受了我的意见,并由中国文联向中宣部并向中央书记处写了一个报告。报告中提到由中国文联、中国作协、中国社会科学院联合于6月17日下午3时在人民大会堂西厅举行纪念瞿秋白同志就义四十五周年座谈会,邀请一些老同志、文学艺术界和社会科学界的知名人士,座谈会拟请周扬同志主持,请胡乔木、薄一波、陆定一、李维汉同志讲话,会后由新华社发布消息。座谈会倡议,由毛著编辑办公室研究瞿秋白的著作,搜集瞿秋白同志的手稿,编辑出版《瞿秋白文集》;有关文艺思想的著作,由社会科学院文学研究所负责,并组织几篇纪念文

---

[1]邓小平:《坚持党的路线,改进工作方法》,《邓小平文选》第2卷,人民出版社1994年版,第278页。

章在报刊上发表。

这一报告很快被批准了。这样于 1980 年 6 月 17 日召开了纪念会，有 300 人参加。周扬同志主持会议，他还作了题为《为大家辟一条光明的路》的报告，这报告于 6 月 18 日见报。特别使人感动的是，茅盾伯伯眼睛刚刚手术也赶来参加会议，他是坐轮椅被推进到会场来的。

我知道他的身体不好，就跟周扬说让茅盾先讲话。周扬讲完话以后，茅盾说："文章我已经写了，这里我不多说了，我只有一个意见，就是秋白给我们留下了很多遗著，我建议把他的政论由文献编委会编书，而文学著作由中国社会科学院文学研究所来编。这是对秋白同志最好的纪念。"他说完后，我们就推他回去休息。

这里我要提一下，茅盾伯伯非常关心我母亲的问题。"文革"期间我关在牛棚，为了设法给被关押的母亲平反，我请病假出来到茅盾伯伯家里避难三次。他和他的儿子韦韬及儿媳小曼热情地帮助和保护了我。我没有想到在白区工作的年代我父母在茅盾伯伯家里避难多次，而在"文革"期间我又不得不在茅公家里避难。当时母亲有病，她在监禁中需要吃药，需要向中央反映她的情况，能得早日解放。茅盾伯伯、胡愈之夫妇热情帮我找药，并创造各种条件以便给周总理写信。我从心里就非常感谢和感动，至今难以忘怀这深情！

座谈会上发言很踊跃，谭震林、李维汉、袁任远、曹瑛、温济泽都发言了。谭震林同志发言中提到，他是最讲民主的。

李维汉同志发言说，他很讲民主。他还谈到八七会议后，因为国民党对共产党实行白色恐怖，我们就用"红色恐怖"来对付他们，因此犯了盲动主义错误。秋白犯错误是思想认识问题，和王明的错误完全不一样。秋白在八七会议后代替了陈独秀的领导，但他还是尊重陈独秀，尊重他的人格，会后还去看望他，与他谈话。

曹瑛同志的发言也值得一提。本来上级领导不同意他代表复查组讲话，但曹瑛同志说，他不代表复查组，是代表个人来发言，会上他讲了复查的结果。当时这样做是要有一点勇气的。

虽然正式平反文件还未下来，但这一次的纪念会和老前辈们在报刊上发表的纪念文章实际上已给父亲平反昭雪了，好在历史是人民写的。

1980 年 10 月 19 日，经过多方努力，中共中央向全党发出通知，为瞿秋白彻底平反、恢复名誉。平反文件传达时，只传达到党员，没有向群众传达。使我惊奇的是，1998 年一位在江西的老战友问我，你的爸爸平反了没有。我答："早已平反了，难道你们的党组织没有传达过？"她说："没有，我还不好意思问你这件事呢。"

我们收集了近期发表的和以前许多老同志写的回忆我父亲的文章，并请人民文学出版社编了一本书，书名为《忆秋白》，是茅盾伯伯题写的书名。在这一本书中有陆定一、周扬、杨文华、羊牧之、瞿轶群、沈颖、郑振铎、王统照、叶圣陶、胡愈之、丁玲、茅盾、曹靖华、萧三、周建人、李维汉、郭沫若、吴玉章、马辉之、冯雪锋、许广平、史平（陈云）、夏衍、邓伯奇、徐特立、李伯钊、赵品三、庄东晓、石联星、刘英、温仰春、李霁野和我本人的文章。现在以上同志绝大部分已不在世了，给后人留下了宝贵的回忆。此书出版后，很快销完，不久再版了。

不久，中央文献编委会、文学研究所和人民出版社组成了两个瞿秋白文集编辑组，均由温济泽同志总负责。文学编由王士菁和牛汀二位同志具体负责，政论组由丁守和同志具体负责。参加编辑组的同志们都是不脱产的，基本上是义务工作的。《瞿秋白文集》文学编，是在原来冯雪锋同志编的基础上，再增加了部分未发表的作品，共出版六卷。政论编，过去未出版过，完全是重新选编的，共八卷。

秋白平反后，陈铁健著《瞿秋白传》出版了，王观泉著《一个人和一个时代》（也是瞿秋白传）出版了。

在秋白就义五十周年前夕，夏衍见到胡乔木，向他建议，能否在秋白就义五十周年之际，开一个纪念会。这样 1985 年 6 月 18 日在中南海召开了纪念秋白同志就义五十周年大会。会议由胡绳主持，杨尚昆作报告。报告中他特别说明，因为秋白在生前身后都遭到不公平的待遇，因此不是在诞辰而是在他牺牲的日子开一个纪念会。杨尚昆对秋白的革命业绩给予了很高的评价——瞿秋白是中国共产党早期的主要领导人之一，伟大的马克思主义者，卓越的无产阶级革命家、理论家、宣传家，中国的革命文学事业的重要奠基者之一。

邓颖超、杨尚昆、胡乔木等出席了纪念会。座谈会是我跟夏衍说的。我说，我父亲快要牺牲五十周年了，您能不能恳请乔木同志，提一提给他开个纪念会？这次会是最重要的一次会。这是爸爸被打成叛徒以后，重新给他最正式、最正确的评价。会议之后，胡乔木见到我说，他心里落下了一块石头。

秋白平反后，学术界在他的家乡常州及南京、徐州多次召开过学术研讨会。家乡瞿秋白纪念馆编辑出版《瞿秋白研究》一书，一共出版了十四辑，家乡常州成立了瞿秋白研究会。江苏省瞿秋白研究会也编辑出版了《瞿秋白研究文丛》等研究、宣传瞿秋白的书籍。

文人秋白与《多余的话》

秋白精通中文、俄文、法文、英文，法文和英文都是自学的，非常有才华。但是才华不是全部，决定人的除了才华还有用功，他那样的病体，能够弹琴、吹笛子、画画、刻字、写诗。他文学底子非常之好，四五岁写了第一首诗，原来我家里有他的两幅画，但是"文革"时被抄走了。他写文章的时候，我妈妈回忆，就是拿复写纸写，几乎没有多少改动，一口气写完。

他在儿时写过一篇文章，意思是这样：人的生命只有一次，对谁都是很宝贵的，但是如果一个人每天都能为这个世界做些什么，他就会觉得永远年轻。我觉得我父亲是这么说的，也是这么做的，因为他牺牲的时候 36 岁，他是永久地年轻的。

那时候在上海白色恐怖底下，虽然整天搬来搬去，但是他翻译了150 万字的文学作品，像《海燕》，他就是在那个时候完整翻译出来的。1921 年他第一次去苏俄，翻译高尔基的《海燕》，是直译，叫《暴风鸟的歌》，那时候文字还差一点；10 年后他又翻译了一遍，叫《海燕》，写得很好。《海燕》有很多翻译，但是我父亲的翻译最好。此外，《国际歌》翻译得也很经典。所以，我采访黄平①的时候，他说：你的俄文好，你爸爸的俄语比你好十倍。

秋白和鲁迅、茅盾都有着密切的交往。在《多余的话》的结尾部分，他提到了有几本书值得再看看，其中中国作品提到三个，除了曹雪芹的《红楼梦》外，就是鲁迅的《阿 Q 正传》和茅盾的《动摇》。

鲁迅赠给秋白一句话：人生得一知己足矣，斯世当以同怀视之。这是他认识秋白之后不久写的，他非常看重地把瞿秋白看成知己。因为秋白的思想跟他一致，写了长达 1．7 万字的《〈鲁迅杂感选集〉序言》。秋白非常理解鲁迅，鲁迅对秋白则感情很深。当时很多人反对鲁迅，他维护鲁迅并且给他一个正确的评价。

1931 年初，秋白被王明等人排挤出中央领导层，政治上走入低谷的瞿秋白没有消沉，实际上秋白和鲁迅一起领导左翼文联的工作。他和鲁迅相差近 20 岁仍结为忘年至交。

据母亲回忆，秋白与鲁迅的第一次见面在 1932 年的夏天，父亲在

---

①黄平（1901—1981），湖北汉口人。又名有恒。1920 年在苏俄远东通讯社做翻译。1923年去苏联，入莫斯科东方大学学习。在共产国际第五次代表大会期间，担任过李大钊的英文翻译。1934 年后在上海、苏州等地，以教英语、做翻译为业。中华人民共和国成立后，任复旦大学外语系教授。

冯雪峰的陪同下拜访了鲁迅。秋白跟鲁迅认识的时间并不长，未见面以前就很熟悉了，互相通过看文章了解了对方。1931 年 9 月 1 日，鲁迅一家三口，为了避免特务盯梢冒雨来看秋白，秋白喊鲁迅为"大先生"。

在上海，秋白三次在鲁迅家里避难。1932 年冬天，母亲被特务盯梢，秋白立即转移到鲁迅家，而我母亲在街上转了三天三夜才敢去鲁迅家。鲁迅去北京探母，只有许广平和周海婴在家。1933 年 2 月，秋白又有危险，转移到鲁迅家中避难。还有一次深夜，父母又决定到鲁迅家避难。在 1934 年秋白去苏区前向鲁迅辞行，鲁迅和许广平坚决要睡地板，而把床铺让给秋白住。

在白区，生活来源很少，鲁迅常在生活上帮助秋白。秋白搬家搬了多次，有一次搬到鲁迅家附近的地方，我去看过那个地方，地方很小，一出门就放一个炉子做饭。当时攻击鲁迅很厉害，他要保护鲁迅，就为鲁迅写文章，就在那屋子里，写了好几篇，鲁迅写的东西他都看了，母亲也在那里，装病，实际熬了药以后都倒掉，为保护父亲写作。写了东西，鲁迅来看，他看了以后说："哎呀！"烟头都快烧了手，"你写得太好了，好像从没有人写我是从一个进化论者到一个革命者。"

秋白被捕以后，身份还没有暴露，就给鲁迅写信，信中暗示他是一个医生，原来是国民党的医生，被俘虏以后给红军当医生，想通过一个假口供让鲁迅想办法营救他。鲁迅就筹了 50 大洋，准备保释。但是这个事情还没有来得及做，叛徒就出卖了我父亲。

许广平回忆说："秋白同志被俘及逝世以后，鲁迅在很长一个时期内悲痛不已，甚至连执笔写字也振作不起来了……"[1] 鲁迅亲自编辑出版秋白的译文集《海上述林》，这成为鲁迅生命最后时间里的一项重要事情。当这项工作完成后，鲁迅备感宽慰，十几天后他溘然长逝。

茅盾对秋白的评价也很高。他说过，鲁迅和秋白是领导文艺界的两

瞿秋白的生前身后

054

---

①许广平：《瞿秋白与鲁迅》，载《忆秋白》，人民文学出版社 1981 年版，第 282 页。

面旗帜。他给丁景堂写过一段话，就是这个内容，但不是原话。父母也在茅盾家避过难，一次茅盾来看秋白，谈他在写的小说《子夜》，秋白还建议小说中人物吴荪甫、赵伯涛握手言和结局改为一胜一负等，茅盾都接受建议修改了。天黑后"邮差"突然送来转移暗号，就转移到茅盾家中，茅盾让孩子睡在地铺上，住了一两周，谈左联和文艺界的工作以及创作。不过，巧合的是，"文革"期间，我在茅盾家里避难了三次，主要是有一个安全的地方给周总理写个信，给我妈妈平反。

对《多余的话》的评价，大家现在也都清楚了，这不是叛徒的自首书，是他在内心对自己在党内所犯的错误的反省，他的错误给党内带来什么教训；他在监狱里就知道自己要死，他要给党内留下最后的话。

现在对《多余的话》研究得比较透了。秋白平反以后，江苏省瞿秋白研究会和瞿秋白纪念馆，举行了大概十次包括青年人的学术讨论会。只有周恩来总理看过《多余的话》的原本，当时党内都认为国民党有些篡改，秋白平反后，大家都说不是伪造的，根据内容、语法、语言，只有我父亲能写出这样的东西。

2010 年 3 月 19 日—2011 年 12 月 29 日初稿

2015 年 6 月 23 日修改

2016 年 3 月 20 日修改

附　录

忆秋白

杨之华

一

我和秋白是在上海大学认识的。

一九二三年年底，我去投考上海大学。考试的地址在庆云路庆云里。我怀着激动、兴奋的心情，走进一座破旧的老式的里弄房子，只见男男女女的学生挤得满满的。我找了一个座位坐下来。坐在我旁边的是一个年轻和蔼的姑娘——她就是张琴秋同志。在这些学生当中，后来有不少都成为我们亲密的同志和战友。

一九二四年的春天到来了。从此开始了紧张的政治斗争的生活。上海大学共分三个系：社会学系、中文系和英文系。我在社会学系学习。我很喜欢这个新环境，这里面的一些人给予我不可磨灭的印象。邓中夏同志是我们的总务长，他的头发很黑，眉毛浓而长，眉心很宽。当他抬起头来看人的时候，两眼闪闪有光。他精神饱满，做事机智果断，使学校的生活紧张而有秩序。他常常喜欢讲李卜克内西和卢森堡的故事给我们听。他是我们敬爱的一位有魄力、有毅力的革命者。

在教师中间，有轻松愉快的张太雷同志，他教我们政治课；有循规蹈矩的蔡和森同志，他讲私有财产和家族制度之起源。恽代英和萧楚女同志讲话富有煽动性，对问题的分析一针见血，并且善诙谐，常常引起同学们的哄堂大笑，新同学都爱听他们讲课。

秋白是社会学系主任，担任的课程是社会科学概论和社会哲学。第一次听他讲课的时候，使我惊奇的是学生突然加多了。别的同学告诉我，大家都很喜欢听秋白的课。除了社会学系本班的学生，还有中、英文学系的学生，其他大学中的党团员或先进的积极分子，甚至我们的好教师恽代英、萧楚女，上大附属中学部主任侯绍裘等同志都愿来听听。当时秋白上课的情况："在庆云路上海大学旧校址上课时，人都挤满了。房子陈旧，人多了，楼房震动，似乎要塌倒下来，但是人们还是静静的听，一直到下课为止。"……后来上海大学从庆云路搬到西摩路，最大的课堂在敦厚里。

当课堂里开始安静下来的时候，我看到秋白从人丛中走进课堂，走上了讲台。他穿着一件西装大衣，手上拿着一顶帽子，他的头发向后梳，额角宽而平，鼻梁上架着一副近视眼镜，与他的脸庞很相称。他和蔼亲切地微笑着，打开皮包，拿出讲义和笔记本，开始讲课了。他的神态安逸而从容，声音虽不洪亮，但即使站在课堂外的同学也能听到。在他的讲话中，没有华丽的词藻和空谈。同学的水平参差不齐，他为了使大家明白，引证了丰富的中外古今的故事，深入浅出的分析问题，把理论与当前的实际斗争相结合。同学们都很珍重地记下笔记，万一有人因为参加社会活动而缺了课，非要借别人的笔记抄下来，才能安心睡觉。

同学们都说秋白讲得好，内容丰富极了，有的说他有天才，有的说他很用功，也有的人根本不去想是什么理由。当时我也不懂，后来才知道了，秋白是怎样对待工作。他热爱他的工作，为党培养新生力量。

那时，秋白在中国共产党中央宣传部工作。这项工作已经够他忙了，又加上上海大学这一副不轻的担子。在生活上，他偏又碰到了不幸，他的妻子王剑虹病重了。他们夫妇俩感情是很好的，王剑虹在病重的时候，希望秋白在她的身边，不要离开她。秋白也很愿意多照顾她。一回到家里，就坐在她的床边，陪伴着她，在他的长方形书桌上，常常整齐地放着很多参考书，他就在那里埋头编讲义，准备教材或为党报写文章。从王剑虹病重到去世，我们只看出他似乎有些心事重重，与平时不同，但他从没有漏过会或者缺过课，并且仍然讲得那么丰富、生动。这时，我们对于秋白也更加了解了，但是，秋白的身世，我是后来才知道的。

秋白生于一八九九年一月二十九日，江苏常州市人。他的父亲信道教，长期失业，流浪山东。他的母亲是一个多子女的母亲，在一个破落户的大家庭里，贫困和苦难折磨了她一生，于一九一五年二月间吃虎骨酒和火柴自尽。人们这样责骂她："把丈夫逼走了，把祖母搬死了，不给儿子中学毕业。"其实丈夫出去找职业，久年疯瘫的祖母搬杭州，和秋白离中学毕业仅半年就去无锡国民小学当校长，这都是因为一家七八口吃尽卖光、典质无物，不这样做就不能再维持生活的缘故。秋白的智慧早被他的母亲发现，她也最爱秋白。她擅诗词，爱文艺，对秋白的教育很注意，亲自讲授诗词；为了秋白进学校便利，她不顾族规，搬住祠堂。秋白有天才，但他的天才与他的母亲是不可分离的。秋白也是最爱和最能体贴他的母亲的。当他一谈到他的母亲的自尽，就沉默很久，回忆当时情景："亲到贫时不算亲，蓝衫添得泪痕新，此时饥寒无人管，落得灵前爱子身。"母亲死后，秋白陪灵半年，稀粥难咽，孤苦极了。

秋白自小就用功，张太雷同志是秋白的同学，他常向我们说起秋白在小学、中学都是个优等生。他们当年对时事很关心。辛亥革命时，鼓动同学、练习刀枪，对革命满怀信心。但辛亥革命的果实被反动分子篡夺了，袁世凯丧权辱国的罪恶行为，使他们深为痛恨。秋白十四岁那年的双十节，他的故乡——常州县城各学校机关都挂红灯庆祝辛亥革命；而秋白却提了写着"国丧"二字的灯笼。这个故事证明秋白从小就爱国，从小就有见解，有勇气。一九一六年，他的舅母当了当头借给秋白川资到汉口，进武昌外国语学校，后又随堂兄纯白到北京，进俄文专修馆。热爱祖国的秋白，就在中国人民反对帝国主义的《凡尔赛和约》的运动中，在"外争国权"、"内惩国贼"、"拒绝签字"、"废止二十一条"、"誓死争回青岛"等口号下，卷入了一九一九年五月四日天安门集合的示威游行。由于他在同学中的威信很高，当时就被推选为俄专出席学生代表大会的代表，当第二次请愿时，全体代表三十余人被捕，秋白也在里面，但在全国学生的要求下获释了。这时候的秋白，正式参加了李大钊同志领导的社会主义研究小组。在北大图书馆，在青年会或在秋白的住所秘密集会，学习和讨论问题。一九二〇年十月十六日，秋白作为《晨报》的新闻记者，离开北京，到苏联去了。这个时期秋白一方面报导苏联十月革命后社会主义建设的成果，向中国人民传播马列主义思想，另一方面在莫斯科东方大学，帮助中国同志的学习。一九二二年二月，经张太雷同志介绍，秋白参加了中国共产党。

二

我认识了秋白以后，觉得他和邓中夏、张太雷等同志不同。邓中夏和张太雷等同志精神愉快活泼，学生们很容易接近他们，可以常常和他们谈谈笑笑。而秋白却是严肃沉静。在讲台上，他滔滔不绝，把问题讲得很透彻；在会议上他的口才像快刀利刃，能说服人。但在平时，他不肯多讲一句费话。有人说，秋白是"骄傲的"、"冷酷的"。

不久，有一件事情，改变了我对他的初次印象。

在上海大学，我和其他进步同学一样，担任了很多社会工作，一面

工作，一面学习。当时还是国共合作的时期，我被分配到国民党上海执行部妇女部工作，办公地址在上海环龙路四十四号。在那里，我认识了向警予同志，以后，我们就经常在一起工作。有一天，社会主义青年团上海大学支部转给我一张上级的通知，说孙中山先生的苏联顾问鲍罗廷夫妇要了解一些上海妇女运动的情况，指定我去谈谈。那时，向警予同志因事离开上海了，所以只得我去。我深怕自己讲不好，怀着不安的心情到鲍罗廷家去。

在鲍罗廷家中，出乎意外地遇见了秋白，他是来为我做翻译的。一见了他，我觉得有了帮助，心情开始平静下来。秋白以流利的俄语和鲍罗廷夫妇谈着，他们向他提出许多问题，他翻译给我听，并且教我说："你先把这些问题记下，想一想。"大家都以同志的态度随便座谈，我的拘束也逐渐消失了，后来愈说愈有劲，秋白满意地笑了，把我的话翻译给他们听，接着，他又把鲍罗廷夫人向我介绍苏联妇女生活情况翻译给我听，唯恐我听不懂，又加以详细地解释，使我初步了解社会主义国家妇女生活的真实情况。

当时懂俄文的人还不多，秋白还给其他许多同志当翻译。这工作在他说来是一件"小"工作，但他从不轻视这类"小"工作，每次都很认真地去做。从这次工作接触后，我觉得他很诚恳，很愿意帮助别人。他不但不骄傲，而是很谦虚；不但不冷酷，而是很热情。他的热情，不是浮在表面，而是蕴藏在内心，只有当人们和他在一起工作时，才能深切地感觉到这种热情的力量。一九二四年五月五日马克思诞生纪念日，秋白在上海大学的纪念会上，作了很有说服力的马克思主义的报告，他与任弼时同志还在大会上热烈地高唱《国际歌》，那种革命的热情深深地感动了台下的同学们。

在学校里，秋白是一位很有威信的导师，也是党的负责人之一，同学们都愿意把自己的要求、困难或不幸的事情跟秋白谈，取得他的帮助和指导，秋白也经常主动地找学生们谈话，了解他们的思想、学习、工作以及生活方面的情况。

有一天，秋白对我说："你要求入党的申请书，我和支部的同志都看过了，我要向警予同志与你面谈，因为我最近很忙，但我也想和你谈一次。"

我又高兴又害怕地说："我有资格加入共产党吗？你能介绍我入党吗？我知道我的水平很低，对马列主义的理论更生疏，有时你讲的社会科学哲学问题，我听不懂，这是实在的话。"

秋白说："你是青年团员，已经是党的积极分子，只要你努力学习马列主义理论，把理论与实际工作结合起来，一定能进步的。学习马列主义理论只有在实际的阶级斗争中才能领会。书是要读的，但不能脱离实际。你要是读书听课有困难，可以提出来问我，或是问其他同志。向警予同志是最关心你的，她跟我谈过你的情况。"

最后，秋白约我在一个星期日到向警予同志家里谈入党问题。

的确，警予同志是很关心我的。警予同志不是上大的教师，也不是上大的学生，那时候她担任中共中央妇委书记，是一位很有学问、有本领、有毅力，热爱革命事业的女政治家。她不讲究穿，不讲究吃，是只知道埋头苦干，以身作则的好共产党员。她不但口才好，文章也写得好，甚至连敌人都得承认她有才干。我和她除了一起工作以外，她还常到我的宿舍里来，一谈就是几个钟头，谈工作，谈工人、妇女、学生的各种情况，不断地帮助我，把我当作培养的对象。我很佩服她，尊敬她，希望自己能学她的榜样，作一个共产党员，人民的好勤务员。

星期日上午八时半，我在法租界蒲石路下了电车。这是一个春光明媚的天气，春风温暖了我的心，充满了愉快的感情。我到警予同志家里去过不止一次了，但这一次却格外兴奋和激动。

那时，党的机关没有正规的办公室；蔡和森和向警予同志的家就成为党的活动场所。我从后门进入楼下一个厢房间，很高兴地看到和森和警予同志都在家。和森同志因气管发炎躺在床上看报，警予同志坐在一旁，不高的身材，穿着朴素的短布衫、黑裙子，态度诚恳大方。我很快地告诉她："秋白约我来谈入党问题。"她站起来说："早应该这样做。"她开朗地笑了，额上飞舞着一对秀丽的眉毛，雪白整齐的牙齿，从薄薄的嘴唇里露出来了。

这时，秋白走进来了。他很关心和森同志的病况。然后，警予要我谈谈丝厂里罢工的情形。我在旁边坐下，告诉他们说，我到几个罢工工人家里去，他们把我带到"公会"办公室去了。那里很讲究，门外挂着"上海丝厂同业公会"的招牌，会客室里的长桌子上，还铺着白色桌布，桌上摆着很漂亮的茶壶茶碗。后来进来一个胖胖的约四十岁左右的女人，穿着绸衣服，与工人的褴褛模样恰成明显的对照。工人们见了她，都站了起来，称呼她"穆会长"。这个穆子英是上海滩上的女流氓，显然是资本家雇佣的工贼。而这个"公会"也不是工人自己的组织。最后，我还发表了自己的意见，认为今天首要的问题是工人应该有自己的组织。

秋白接着说："你们的工作应从底下做起，钻到群众里面去，少与这些资本家的走狗打交道；同时要把工贼们的阴谋诡计在群众面前及时揭露，使群众不相信他们，而相信工人群众自己的力量。"

警予同志说："今天来说，我们的工作还没有基础，在妇女们既没有文化，又不懂政治的时候，只好用社会上惯用的结拜姊妹、交朋友的方式进行工作，然后逐步建立工会组织。"

和森同志也指示我们要站稳工人阶级立场，并且向我讲了西欧资本家如何以欺骗手段利用工贼来缓和工人的斗争。

当谈到我的入党问题时，秋白对和森同志说："你身体不好，多休息。"和森同志站起来，他是个高个子，比较瘦。他沉重地呼吸着，走到门口，躺在躺椅上继续看报去了。警予同志那发亮的眼睛在注视着我。秋白抽着香烟，诚恳地说："我和警予同志都愿意听听你入党的动机。"

我叙述了个人的遭遇，党和团对我的培养、教育，以及我对党的认识和献身党的决心。警予同志是知道我在生活上的挫折的。秋白听完我的话，冷静地分析了我的思想认识，并且解释和阐明了列宁主义对于无产阶级政党——共产党的定义。最后，他说："没有共产党，就没有真理！你要求加入共产党是完全正确的。我愿意介绍你入党。"

警予同志培养我已有半年了，虽然在入党表上没有写着她是介绍人，但实际上她也是我入党的促进者，有力的帮助人。当她听到秋白同志的这几句话，忽然活泼起来，紧紧地拥抱了我。

三

一九二四年十月十日，天气好极了。清晨，一些同学和我邀秋白到半淞园去散步，打算玩一会儿，再去参加上午十时在天后宫召开的群众大会。

开会的时间快到了，大家一同上了电车。在电车上碰到上海大学的一位同学，他悄悄地通知我们：租界当局勾结国民党右派、无政府主义派，收买了地痞流氓，准备捣乱今天的大会。我们得到了这个消息，当即要秋白回家去，由我们先去看看动静，再打电话告诉他。秋白同意了，下车回家工作去了。

大会刚开始，台下一阵混乱，一声呼啸，只见流氓们跳上台动手打主席团了。上海大学学生会早准备了一批人保护主席团，但仍被有武力的流氓们打伤了好多人，伤势最重的是黄仁同志，我们急忙把受伤的人抢救下来，黄仁同志已经神智不清，失去了知觉了。我们雇了汽车，把受伤者送到宝隆医院里。这时我们又得到消息：反动当局耍恐怖手段逮捕共产党员，秋白的处境也很危险。

晚上，支部派我到医院里看黄仁同志，医生告诉我，他的生命已经无可挽救了。

过了午夜十二时，夜深人静，一间小小的病室里，只有我和黄仁同志两人，他躺在白被下面，一动也不动，我不断替他擦去从鼻孔里、从嘴角里流出来的鲜血，正在这时，突然，秋白出现了。

"他怎样了？"秋白一进门，就急切地问。

我把医生的话告诉了他。

他俯下身来，摸摸黄仁同志的额角，小心地揭开被子，察看受伤的身体，轻轻地呼唤着黄仁同志的名字。但黄仁同志仍然阖着眼，似乎沉沉睡熟，不能答应了。

秋白把两手插在大衣袋里，站直身子，沉思着。最后，他答应我天一亮就把棺木、寿衣送来，他就走了。

黄仁同志的死，使国民党右派和无政府主义派大为高兴，而这时，上海英法巡捕房已下令通缉秋白同志，并且搜查了他的住所慕尔鸣路彬兴里和西摩路上海大学。当时秋白已避难在先施公司职员孙瑞贤同志的家里。巡捕房没有捉到秋白，便把他的《向导》等报刊，和他在苏联节省了自己的白糖换来的俄文书籍搜去，付之一炬。那天巡捕房还带走了在上海大学图书馆值班的学生李炳祥。包探问李炳祥："瞿秋白在哪里？"得到的回答是："我在书报流通社工作，可不知道瞿秋白是谁，更不知他在哪里。"

秋白的秘密住所是在北四川路底兴业里一号的三层楼的阁楼上，我是经常去和他取得联系的人之一。当我报告说，他的家和学校被搜查，书报被烧毁的消息时，在他的脸上，我看不出一丝慌张的神色，他轻轻放下手中的笔，站起身来，冷静地在桌子周围来回地走着。最后，他停下来说："书烧了，但是进步的思想是毁灭不了的！"

四

一九二四年十一月，我与秋白结婚了。我们的生活是幸福的，美满的。

我是一个离过婚的女人。我与以前的丈夫有一个女儿，那便是独伊。我的离婚，受到当时人们封建思想的反对，他们把我的孩子当作私有物，不允许我看见我的女儿。我在上海时常想到女儿，不知她生活过得怎样，长的多高了。我渴望着看到她，秋白很能理解这种母亲的心情，他同情我，安慰我，并且在一九二五年的春天，帮助我抽出一个空，回乡下去看孩子。

到达家乡的时候，天已经黑了。我独自一人走到过去公婆家里。我过去的公公知道了我的来意，突然沉下脸来，冷酷地说："我不能让你看她。"并且不再理我了。我痛苦地走出了他的书房，在厨房门口，碰见了他的大姨太太。我们过去关系很好，她听说了我的苦处，便说："别作声，我带你去。"我们悄悄地穿过几个厅院，大姨太太推开了一间侧屋，在暗淡的油灯光下，我看见了心爱的女儿，她正在玩玩具。我抑制了心中的狂喜，轻轻走到孩子面前，她玩的正是我从上海买回去的玩具呵！孩子天真地对我说："妈妈，我告诉你，我的妈妈死掉了。"她那两颗黑黑的眼睛，不住地看着，又拿手上的玩具给我看："这是妈妈买来的。"

"独伊，我的好女儿，我就是你的妈妈。"

"不，"孩子固执地说："我有两个妈妈，一个是你，一个在上海死掉了！"

我掉下了眼泪。是那些人欺骗我的女儿，说我死了，但是天真无邪的孩子，看见了我仍然认识我是她的妈妈。幼小的心灵，弄不清这回事，把他想象成两个妈妈了。我亲了她，但是不得不很快地离开了她。在我离开上海的第二天夜里，秋白曾经不安地到火车站来接我，但是没有接到。又过了一天，我才回到了上海，他从我的神色中，已经知道这一次去，并不是很顺利的。秋白懂得母亲心灵上所感到的一切，他比谁都了解我，他想尽一切来安慰我，他把《安娜·卡列尼娜》的故事讲解给我听。他说："你过去在婚姻上所遭遇的不幸，一时不能见到孩子，这一点和安娜·卡列尼娜相同，旧的社会制度窒息了多少人们的心灵呵！但是你处的时代和安娜·卡列尼娜的时代完全不同了。你一定会得到你的幸福，你一定能够看到你的孩子，也一定能够和你的孩子在一起生活。"

不久，又写了一首长诗给我，痛斥了黑暗的旧社会，并且表示：孩子有着光明的前途，我一定爱护她，一定会比她自己的生父更负责任的培养她，教育她，使她将来在社会上发挥她的力量。我感到秋白是如此细腻深刻地了解我，我为他这种无私的爱和高尚的人格所感动，也相信他的话会实现的。

每当我想到我的女儿关在那阴森的房子里，过着完全不适合儿童身心健康的寂寞的生活，我的心就痛得皱缩起来。我一定要孩子回到我的身边，秋白很同意。我们又抽了一个时间，两个人一起回到我的家乡。在我母亲家里，我们想了一个办法：派人把孩子偷出来，然后抱回上海。

那天，秋白和我站在一座山上等着。等了好长时间，才看到孩子出来了，大姨太太和照护孩子的人跟随在后边。我高兴地把孩子抱在怀里，孩子的两条小胳膊也紧紧地搂住我的脖子。正在这时，突然奔来两个大汉，一阵风似地把孩子抢走了。他们走的那么快，谁都追赶不上。我们眼巴巴地望着被抢走的孩子，孩子在大汉的手里挣扎着，哭喊着妈妈。我止不住哭起来了。

我和秋白冷冷清清地从河边走着，一路上默默无语，我第一次也只有这一次看到秋白流下了眼泪……。

五

回到上海以后，我不知为什么在工作中增加了干劲和勇气。而秋白由于被敌人所通缉，已经不能公开地到上海大学教课了，他把更多的精力投入了党的地下工作。

我们住的房间很窄，摆了些不可少的家具：床、桌、椅之外，就只有很小的一块空地了。秋白时常就在这一小块空地上打着圈子踱步，或者坐在椅子上深深地吸着烟，有时，他拿起笔来，出神地咬着笔端。这种神情，我已经见惯了，知道这是他正在苦苦思索问题的时候，也就不去惊动他。而他呢？在这样的时候，全神贯注在写作之中，四周的景色、声音已经影响不到他了。秋白写文章的习惯是不打草稿的，在思想成熟后，提笔就写，一动手写，就像瀑布一样地直泻下来，其势不可挡，是那样迅速和猛烈，非一口气把文章写完不可。《中国国民革命与戴季陶主义》的小册子，就是在一天一夜内产生的。

那时候，党以上海大学为基础，在上海各区开办了好些工人夜校。这些工人夜校大部分设在有党的支部或国民党左派活动分子的大学、中学内，课室是现成的，教员是义务的。我执行党的指示，也参加了工作。秋白是很关心工人夜校的，他对于工人有着浓厚的感情，常常要我把了解到的情况告诉他。我和上大的同学们在工作中遇到困难，或是不能解答工人群众提出的问题时，就去请教秋白。他虽在工作非常紧张的时候，也一定停下来答复问题，并且有时指定书本，和帮助收集材料，教给我们有系统有计划地编课本解答工人的问题。

二月初，我们接到上海地委的紧急通知，要我们派人组织罢工委员会，领导工人起来罢工。学校支部派邓中夏、刘华、郭伯和和我等几个人到了潭子湾工人俱乐部，和李立三同志一起工作。我有机会参加工人运动，秋白很是高兴，他最喜欢我穿起工人服装到工人群众中去工作，他说："我们的爱情就建筑在这里。"每天晚上，他都在等着我回到家里，听我讲述一天的工作情况。刘华同志原来是中华书局的学徒，原名刘剑华，考入上海大学后，还是半工半读，他常做抄写油印工作，生活很艰苦。秋白经常找他谈话，帮助他解决工作中的困难问题，关心他的生活，常常要我送些钱给刘华同志用。有一次刘华同志感冒了，还要我买了白松糖浆给他吃。并且经常告诉我："他是工人阶级的优秀分子。"

二月罢工从二月九日持续到月底，由小沙渡的内外棉十一个厂蔓延到同兴、日华及杨树浦的大康等纱厂，罢工人数共四万人左右，我第一次看见工人阶级强大的力量和严密的组织性、纪律性。无论在组织纠察队，或者交代具体任务时，工人们那种爽快、不讲价钱、坚决服从工会的精神，使我深为感动。我把自己的感受告诉了秋白，他说："你才知道工人阶级中有无数的天才吗？苏联掌握政权的就是工人阶级，他们战胜了国内外的敌人，正在迅速地建设自己的国家。"他接着又说："的确，工人学习起来比知识分子进步快的多，在斗争中他们是最坚强的。"

这时，日本资本家勾结国民党反动派，关闭工厂，停发工资；日本海军陆战队上岸了，日本第一遣外舰队"对马号"开回了上海。小沙渡中国警察奉令武装解散工人的游行队伍，鸣枪轰散工人集会。大批的中国军警和租界巡捕武装围攻手无寸铁的民众，逮捕和拷打工人。敌人的残酷的镇压，使二月罢工没有得到胜利就复工了。

二月罢工失败后，我们在潭子湾召开了工人大会，提出"反对东洋人打人"的口号，工人群众对日本帝国主义的暴行十分愤怒。大会正开得轰轰烈烈，突然有大批军警和马队向会场冲来。邓中夏同志一看情况不对，急忙做手势叫正在台上讲话的李立三同志下来。立三同志立刻混杂在群众中，避开了警察。但却有二、三十个工人被捕走了。中夏和立三同志躲避在附近一个工人的家里，等警察走了以后，就出来组织工人商量对策。当时工人情绪激昂愤慨，纷纷提出包围警察局，要求释放被捕工人，虽然明知道这样做会有不利，但不能拒绝工人的要求。中夏同志提议派代表去，大家一致同意了。在讨论代表人选的时候，立三同志要求去，中夏同志认为认识立三同志的人很多，作为代表不妥当，白色恐怖又很严重，中夏决定自己和工人代表们一起去。果然不出所料，到了警察局，中夏同志和工人代表们被捕了。

我把这件不幸的消息告诉秋白，他十分焦急不安，在我们住的客堂前楼小小的一角地方踱来踱去，那天晚上通宿没有睡好觉。第二天一早，他就叫我化装成家庭妇女，到外面去探听消息。在大街上一家茶馆的门前，我和看热闹的人站在一起，看到一队警察，押着工人代表们走过来了。他们排成一队，带着手铐。在他们中间，我看到了中夏同志，他勇敢而镇定地走着，脸上还浮着从容的微笑，充分表现了共产党员视死如归、大无畏的英雄气魄。

这次中夏同志和工人代表们被捕，在群众正义的压力下，不久就被迫释放了。直到这时，日夜焦虑的秋白才放下了心。

"五卅"运动爆发了，秋白接受了党的指示：创办《热血日报》。

《热血日报》社的地址在宝山路某里的一个客堂里。设备很简陋，中间放一张白木长桌，四周摆着几条长板凳。六月四日，《热血日报》创刊号出版了。秋白全力投入这项工作，热爱这项工作，《热血日报》四个字就是他亲笔写的。工人群众提出了很多问题，秋白就在他主编的《热血日报》上每天回答他们的问题。当时天气很热，房间又小，他忙着写社论，编辑新闻，并且亲自编排、校对，直到付印出版。到了晚上，他要听取记者们的汇报，组织他们写稿，还一定要我汇报工人群众的情绪，白天还要向干部们作报告。他的身体非常坏，但他不肯休息，常常工作到深夜甚至天明。每当发现了重大的问题，他要亲自找工人谈话，核对材料，然后才把新闻发出去。他的工作是那样紧张，我从来没有看见他这样兴奋过。他吃饭很快，我们往往在吃饭时相互见面。他说："这样工作比在大学讲台上有效得多。"这句话他逢人就说。我也告诉他："我参加工作，也比在课堂上进步快了。"

有一次，秋白到工人住区去，看见有一个工人在看《商报》，他向秋白诉苦说："没有适合工人看的报纸，现在的报纸都看不懂。"因此，秋白在编《热血日报》时，文字力求通俗，使工人能够看得懂，喜欢读。《热血日报》的文章篇幅不长，通俗有力，有它特殊的风格，旗帜鲜明，对敌人的批驳毫不留情。

《热血日报》出了二十四期，就被反动当局封闭了。但是，《热血日报》已经在工人群众中留下了深刻的印象。

秋白除在工人中进行宣传教育工作，还重视在工人群众中培养积极分子，发展党员和团员。他常对我说："我们党内，工人出身的党员太少了，现在面临这样伟大的运动，再不发展，到什么时候发展呢？"他又具体地指导我："你在工人中要深入地了解他们，具体选择发展党的对象。怎样才是党的对象呢？不要以为能说会讲的就好，马上就和你接近的人就不错，不要看形式，要看他的品质，仔细地观察他是否为大家的利益着想，斗争中是否坚决。要特别注意老工人和技术工人，他们是全厂的钥匙。"

六

一九二六年春天，我接到中央同志的委托，要我强迫秋白同志进医院休息，因为他吐血，不顾自己的身体，带病坚持工作，已经继续两个多月了。当我把中央的命令告诉他的时候，他笑了，深切地感激同志们对他的关心。他对我说：“很想有一个较安静的地方来实现我的心愿——针对当前中国革命中几个重要问题编译几本值得参考的丛书。”他高兴地拿起一只小提箱，把需要用的参考书、文具等等放在里面。

党为了他的安全，特请了一个可靠的医生，设法在宝隆医院里找了一间单人病房。秋白进了医院之后，我几乎每天去看他一次。在头两个星期中，他完全按照医生的嘱咐躺在床上不起来。但他很想了解社会思想现状，开了一张书单子，要我到四马路上的书摊、书铺里到处寻找。我把他需要的书买来，他一个晚上就读完了。后来，我几乎隔一天上一回书铺或书摊，四马路的小书店成为我很熟悉的场所了。

到了第三个星期，当我到医院去看他的时候，他仿佛在家里一样，弯着腰坐在椅子上，兴致勃勃地一页一页的写起来了。他不觉得自己是一个病人，还把自己订好的工作计划给我看，对我说：“中国共产党员连我在内，对列宁主义的著作读得太少了，要研究中国当前的革命问题，非读几本书不可。我想将俄国革命运动史分成四部分编译出来……这些都可作为中国革命之参考，非常重要的参考。”

他抚摸着俄文原著，用坚决的口吻说：“如果客观环境允许的话，我必定在最短期间完成这个心愿。”

我看他说的那么高兴，也很赞助他：“这个计划对我们这些知识贫乏的青年有莫大的帮助，我一定尽可能帮助你完成这个计划。”这时，我想起我家有一个善良的对秋白象自己亲生儿子一样的董妈，就对他说：“不仅我帮助你，还有好董妈很愿意为你尽力的，她善于料理我们的家务，又会节约，熟悉你的生活习惯。”

秋白幸福地微笑了：“对，我们的好董妈常在小菜场上买一束价钱便宜的花，插在花瓶里，或买几个铜板的茴香豆、豆腐干，用一只碟子装着放在我的桌边上，晚上她还削一些荸荠、甘蔗给我吃呢！她确实是我们的母亲，我们也应该很好地关怀她。"

接着，我又劝他："你的计划回到家里再说。你现在的任务是治疗你的病，同志们不允许你不关心自己的身体。"

秋白凝视着窗外，双手撑在桌子上，用低沉的声音对我说："我和彭述之等对革命政策上有不同的观点，我想编译这部俄国革命运动史，对于党内干部会起些帮助作用。农民问题已摆在面前了，因此我先编译这一部分。"秋白在党内的思想斗争中，始终是采取说服人的有效方法来帮助同志。他走到床边，揭开一块白竹布，从小提箱内拿出他在一个星期内写的很整齐的复写成两份的薄纸手稿，把其中的一份交给我带回家。这时，他又恢复了轻松愉快的心情，手指着复写稿笑着说："这是医治我和我们同志最上等的贵重药品呀！"

从此以后，我每天去医院，都带回他的产品。带回他的手稿是我最愉快的事，也是一桩使我很担心的事情。他写作的速度是使人难以想象的，虽然是带病工作，在两三个星期内已将俄国革命运动史的第一部分《俄国资产阶级革命与农民问题》编译了三分之二。

秋白从医院里回来，不出所料，更重要的工作打断了他的计划，只好把编译工作搁下了。八月间，秋白到了广州，在毛泽东同志主办的广州农民运动讲习所讲课。秋白在讲《国民革命中的农民问题》中，指出当时革命成败的关键，就在于能否解决农民问题、土地问题。秋白说："在事实上，谁能代表工农利益，谁能给工农以政权，那末谁就能够解决农民问题。必须要压迫地主，打倒地主势力，才能获得农民群众，革命的基础才能巩固，才能排除帝国主义在中国的权力。如其怕农民组织的强大，怕农民暴动而畏缩，不敢提出为农民利益的政纲，不实行为农民利益的政纲，必定因此不能得到农民的拥护，且要受农民的攻击和反对。总之：中国国民革命是要解决农民问题，土地问题，用各阶级的联合战线和工人阶级的领导来斗争，才能得到胜利。……"秋白还在百忙之中，挤时间继续编译《俄国资产阶级革命与农民问题》，终于印成小册子出版了。其余几部分，因为一直忙于其他重要工作，而没有能够完成计划，这是秋白所遗憾的一件事情。

七

一九二七年二月间，上海工人第二次暴动失败了。

那天晚上，秋白穿了一件深灰色的袍子，告诉我今天晚上要开一个中央和区委的联席会议，听听区委同志关于暴动情况的报告。

在这个会议上，大家听了身材魁梧、性格活泼的罗亦农同志和沉静、稳重的赵世炎同志的报告，分析了当前的形势，研究了工人群众的情况，大家的意见是由总工会发出复工命令，准备第三次武装起义。那天晚上，秋白睡得很迟，第二天写好了一个给中央的书面意见书——《对上海二月十二日暴动后之政策及工作计划意见书》提交给特别会议讨论。会议上对暴动问题讨论的很热烈，决定从广东调来两位同志，调周恩来同志加强军事上的指导，调陈延年同志加强江浙区党委的领导。

上海像一座巨大的火山，就要爆发了。英勇的上海工人，在中国共产党的领导下，胜利地进行了第三次武装起义，占领了上海。为了对资产阶级的策略问题，对工人力量的估计问题，对上海当时政权的组织问题等等，秋白与陈独秀、彭述之有分歧的意见，秋白就在一两个星期中，整理出自己的意见，这个意见就是《中国革命中之争论问题》的小册子。当时我在上海总工会工作，每天晚上回去读他一天里完成的手稿。这些手稿对我的思想、工作有很大的启发，使我认识到阻碍工人运动的原因是党内右倾机会主义。我看完手稿以后，他总喜欢问问我工人运动的情况；有时候他约罗亦农、侯绍裘同志在一起谈谈。他的这本小册子，对中国当时的革命运动起了很大的作用。秋白写完这本小册子以后，便奉中央命令，离开上海，到武汉去了。我不断地写信告诉他上海的情形，秋白来信要我谨慎地工作："革命前途远大，但革命道路不是一帆风顺的。"

果然，蒋介石利用了陈独秀的机会主义，篡夺了工人阶级的胜利果实，开始了"四·一二"大屠杀。那天晚上，我接到从中央转来的一个从武汉拍来的电报："秋白病垂危，立即动身到汉。"并且收到一张长江轮船的船票。我只得提着小提箱，告别了上海，告别了战斗的工人阶级。

到了汉口我按照指定的地点，找到门牌号码，走进一座楼房。里面人很多，他们帮我把行李搬到楼上一间厢房里，告诉我："这是秋白同志住的房间，他出去开会，中午回来。"说完，他们不等我说话，很快就走了。我心里直纳闷，既然可以开会，应该身体很好呀！

突然，熟悉的脚步声传入我的耳朵，秋白提着皮包上楼来了。他没有病，看起来比在上海活泼多了。我带着高兴的口气责备他："为什么给我'病垂危'的电报？公私灾祸一齐来到，从四月十一号一直到现在压得我透不出气来。"

秋白没等我说完，就说："这是组织上关心你的安全才出这个主意。"

党对我父亲般的爱护，立刻转变了我的情绪，我深为自己为党工作得太少而感到惭愧。

秋白脱下长衫，挂在衣架上说："我们离别一个月的过程中，革命进展比一年还多。"他以极迅速的动作，从抽屉里取出几本文件："你冷静下来，不要被革命高潮冲昏头脑。"他拿着毛泽东同志著的《湖南农民运动革命》的小册子对我说："人人应该读几次，这是一篇好文章，你必须读。"忽然，他又以一种不愉快的语气说："我们至今还没有自己的党报——日报，你看，这样的好材料，却不准宣传，真岂有此理！如果自己有党报，该宣传的还是要宣传。这样重要的事情，至今还不能解决。"

我感觉到，他似乎对什么人不满。后来我才知道，秋白责备的人就是坐镇中央宣传部的彭述之。原来，秋白到武汉之前，毛泽东同志著的《湖南农民运动革命》的小册子，曾在《民国日报》上发表了一部分，便被彭述之等机会主义者停止登载。秋白到了武汉之后，很重视毛泽东同志的著作，与彭述之进行了斗争，他亲自加上序言，以党的名义出版了单行本。

秋白最后说："你好好研究这几本小册子，这是我在武汉与你见面的礼物。"

一九二七年四月二十七日，中国共产党在武汉武昌小学的礼堂内举行第五次全国代表大会。当穿着长衫的陈独秀做报告时，代表们很注意地听着，希望他对过去的错误有所检讨，对当前的局势进行明确地分析，然而他们失望了。会议休息的时候，罗亦农走到秋白的面前，咧开嘴吐出"糟糕"两字，秋白抽着烟，长久地沉默着。

下午开会的时候，每个代表的座位上发了一本小册子：《中国革命中之争论问题》——瞿秋白著，代表们都在翻着小册子，在第二页中间写着"第三国际还是第〇国际？"下面写着"孟塞维克主义"，看见这几个字，代表们笑眯眯的，也有人当场出声地笑起来。这是身穿灰布长衫，戴一副白丝边近视眼镜的恽代英同志。代英同志一边笑，一边用手帕擦着鼻子，说："这个标题写得好，写得尖锐……"。而陈独秀则很不满意，彭述之附和着说："这是见了鬼。""见鬼"，这是彭述之的口头禅，他在主席台上一口咬定中国没有民族资产阶级，"民族资产阶级就等于似有似无的鬼，……"秋白在散会时说："彭述之承认资产阶级是有的，不过是'鬼'，而不是人，这真是彭述之的有鬼论。可是只和'鬼'联合，而不要和人——工农联盟，把革命的领导权双手供奉给

‘鬼’，这真是见了‘鬼’！”

秋白与机会主义者针锋相对地提出了中国革命的策略问题，尤其是中国革命中工人阶级必须掌握领导权问题，为了保卫工人阶级的利益，为了无产阶级的革命事业，他与机会主义分子与托派彭述之的斗争是十分坚决的，他说："斩首是中国皇帝的东方文化，是中国的家常便饭。但是我要做一个布尔什维克，我将服从真正列宁主义的纪律，我可不怕皇帝制度的斩首……。"

八

一九二八年，秋白要和我到苏联去，我们想把女儿独伊一同带到苏联，组织上批准了。到了苏联，秋白和我忙于工作，便把独伊送进了幼儿园，每逢周末去看她。

秋白知道独伊爱吃牛奶渣，每隔一星期，秋白从共产国际机关下班回来，路过店铺子，总不忘记买一些回来，带到幼儿园去给独伊吃。

后来独伊调到另外一个幼儿园，这个幼儿园是在离莫斯科较远的一个小城市即依凡城。我们去看她，要坐一夜火车。星期六晚上我们就睡在火车里过夜，并带着星期日吃的食物。在车厢重，有不少像我们一样的父母。

早晨，我们走到幼儿园的时候，孩子们排了队出来，唱歌欢迎父母，接着又表演节目给父母看。父母带来的食品玩具都放在一起，大家一起吃一起玩。然后由父母分别带领自己的孩子出幼儿园，秋白和我带着独伊到附近的森林中去。这是我们最幸福最愉快的一天，我们充分享受了天伦之乐。在这一天中，秋白是高兴的，活泼的，使他忘却了工作的紧张与疲劳，他和孩子痛快地尽情地玩着。夏天，我们在树林里采蘑菇，秋白画图和折纸给孩子玩；冬天，地上铺满了厚厚的雪毡，秋白把孩子放在雪车里，他自己拉着雪车跑，故意把雪车拉得忽快忽慢，有时假装跑不动了，有时假装摔一跤，用手蒙了脸哭了起来，这时候独伊就向我叫起来："妈妈，我跌一跤不哭，你看好爸爸跌一跤就哭了。"秋白一听这话，放开了手，哈哈大笑。孩子也很高兴，拍手大笑。笑声震荡在天空中，似乎四周的一切也都为我们的欢乐而喜气洋溢。

我见秋白这样爱护独伊，心里有说不出的高兴。秋白无论在我和独伊或其他人面前，总不使人感到独伊不是他亲生女儿。独伊从小没有感到秋白不是自己的亲爸爸。当秋白因病住在列宁疗养院时，还经常给独伊写信：

> 独伊：
>
> 我画一个你，你在笑。为什么笑呢？
>
> 因为你想着：
>
> 你是好爸爸和姆妈两人生出来的。
>
> （面独伊牵着一只兔子）

> 小独伊：
>
> 你会写信了——我非常之高兴。你不病，我欢喜了。我很念着你。我的病快要好；过三个星期我要回莫斯科，那时要来看你，一定来看你。我的小独伊。再见，再见。
>
> 好爸爸

秋白还写过这样一首诗：

> 小小的蓓蕾，
>
> 含孕着几多生命，

陈旧的死灰，

几乎不掩没光明。

看那沙场的血花灿烂，

经过风暴之后的再生。

谁道是无意中的赤化？

却是赤爱的新的结晶。

有一天，来了一位苏联同志，他是中文博士，是一九二一年秋白来苏联时的朋友。他给秋白送来两个抄本，说是秋白过去留在他家的研究拉丁字母的笔记本。从此，秋白经常和林伯渠、吴玉章同志组成自愿集合的小组研究中国文字改革问题。并写成了《中国拉丁化字母》的小册子。秋白在列宁疗养院时，在给我的信中说："我最近又常常想起注音字母，常常想起罗马字母的发明是很重要的。我想同你一起研究，你可以帮我做许多工作，这是很有趣味的事，将来许多人会跟着我们的发端，逐渐的改良，以致于可以适用于实际工作上去，使中国工农群众不要受汉字的苦，这或许要五十年、一百年，但发端是不能怕难的。我们每人必须找着一件有趣的大部分力量和生活放进去的事，生活就更好更有趣了……。"

在疗养院，秋白的精神受到了一次重大的震动，苏兆征同志在国内死了。

一九二七年在武汉起到兆征同志离开苏联前，秋白与兆征同志经常在一起商量工作。兆征同志对待工作非常严肃，一丝不苟，每在斗争重要的关键，环境越恶劣，他的工作越坚强，同志间合作的越好。兆征同志在莫斯科患肚痛病，秋白曾劝他割了盲肠以后休息一个月再回国，可是兆征同志鉴于国内革命正处在艰难的条件下，十分需要他回国工作，终于回到了上海，不久病发，来不及急救而死了。秋白在给我的信中说："昨天接到你三封信,只草草的写了几个字,一是因为邮差正要走了,二是因为兆征死的消息震骇的不堪,钱寄到的时候,我都不知道。(三十元已收到。)

"一九二二年香港罢工(海员)的领袖,他是党里工人领袖中最直爽、最勇敢的,为何我党又有如此之大的损失呢?前月我们和斯大林谈话时,他所关心的问题,是如何的切合于群众斗争的需要;他所教训我——尤其是'八·七'之后是如何的深切。

"……我党的老同志,凋谢的如此之早呵,仿佛觉得我还没有来得及做着丝毫呢!!"

此后,秋白常常带着责备自己的口气说:"我没有坚持说服他留在莫斯科,是一个不能挽回的错误。"

秋白从疗养院回到莫斯科,工作更加繁重了,身体也更坏了。有时候,他睡到半夜,从床上跳到窗前,从他的口里不断流出口水。我在这样情况下,非常着急。但张国焘明知秋白的病情,却坚决不愿分担党分配给他的工作。并且在莫斯科孙中山大学进行宗派活动。有一次,全体学生在大礼堂开会,张国焘竟公然支持个别破坏分子,主张采用游行请愿方式对待苏联共产党。当时秋白也在主席台上,他看穿了张国焘和坏分子的阴谋,在这紧张的关头,他挺身而出,对大家说:"我代表中国共产党反对张国焘的主张,在无产阶级专政的苏联,采用这种方式是犯原则性错误的。我们不能这样做。"绝大多数学生是好同志,他们拥护秋白的意见,礼堂里爆发了一阵热烈的掌声。在那天晚上,秋白和中夏、和森等同志,与张国焘在小型代表团会议上展开了一场剧烈的斗争。

从国内上海传来了一个惊人的消息,彭湃同志和杨殷等四位同志被国民党杀害了!秋白的健康情况很坏,他感觉到"我只有丝毫的精力支持着自己的躯壳",每天工作十小时以上,但由于从这件不幸消息中所产生的对敌仇恨，他仍在深夜写了《纪念彭湃同志》的文章："上海来的电报，告诉我们，有四位同志被我们的敌人枪毙，这是使我们非常之痛心的消息啊！而且彭湃同志，也是四个里面的一个。这是一件痛心的事情，不早不迟的发生在兆征同志死了不久之后啊！……"秋白叙述了彭湃同志战斗的一生，和他对革命事业的贡献，最后写道："彭湃同志已经死了，这是中国共产党和中国革命极大的损失啊！

"中国的反革命——国民党，军阀，豪绅资产阶级，现在正对着中国工农的领袖的尸体，欢呼祝贺呢！可是，你们这些反革命的统治阶级，你们且慢高兴，你们是灭绝不了我们的彭湃同志。杨殷同志的。你们杀掉我们一个彭湃，一个杨殷，中国的无产阶级是会在自己的斗争中去栽培出无数的彭湃，无数的杨殷来送你们的终！我们的责任，是要完成彭湃等同志开头做了的事业！"

在纪念彭湃同志的小册子里，除却秋白写的纪念文以外，还附着彭湃同志一九二四年海丰农民运动的著作，他对这个著作和对一九二七年毛泽东同志的湖南农民运动的著作有着同样高的评价。他要求旅苏同学多读这样的著作，学习毛泽东同志和彭湃同志深入群众的工作作风，并称他们是当时群众运动最好的模范和领袖。

九

在六届四中全会上，秋白受到了"左"的教条主义宗派主义分子的打击，被排斥于中央领导机关之外。秋白在被打击之后，仍继续做了许多有益的工作（主要是在文化方面）。从这时到一九三三年的一个时期，他在上海同鲁迅合作从事革命文化运动。

秋白与鲁迅共同认为："唯有新兴的无产者，才有将来。"就在这个基础上，他们在险恶的风浪中结成了亲密的革命的友谊。鲁迅敢于在白色恐怖最严重的时候与秋白来往，这决不是普通的个人感情，而是阶级的友爱。由于鲁迅的关怀和帮助，秋白在被通缉的上海没有被捕，在逃难时不受饥饿。鲁迅亲自替秋白找房子，送书籍文具，最令秋白感动和喜欢的，就是从鲁迅那里获得外国文的文艺作品。其中有些是曹靖华同志要鲁迅转秋白的。《海上述林》译文的原著，是鲁迅送他的礼物。鲁迅自己的作品，也给予秋白极大的安慰，但由于反动的国民党的压迫，使秋白连看书的自由都没有，往往使他最宝贵的书来不及从敌人破获的住所中拿出来，一批又一批的失去。

有一次，我和秋白坐了黄包车，在夜里两点钟逃到鲁迅家，因为车夫的速度有快慢，一个拉到他家的前门，一个拉到他家的后门，以至同时敲着他家的前后门。进屋后我们深恐惊动了鲁迅，感觉非常不安。但是鲁迅安然地接待我们，又一次替我们找房子，又一次进书和笔给我们。秋白的文艺作品，都是在逃难时候产生的，这一次同样给了秋白一个写作的机会。秋白告诉我，这次要完成一个任务，他要写《鲁迅杂感选集序言》。他一连三天，白天装生病，在床上看完鲁迅杂感，第四天晚上开始执笔写·一连几个晚上写成了。鲁迅看了很满意，从他沉默的眼光和轻松的微笑里，露出了他在检讨自己思想发展的过程，诚意接受秋白对他的批评和鼓励，忘记了香烟头烧着了他的手指。

秋白和鲁迅在一起，往往感觉夜太短。深刻的友谊的交谈，从政治到文艺，从实际到理论，从希腊到莫斯科，轻松，愉快，活泼。天亮了，彼此交换阅读写成的短文。他们对敌人沉着的作战，使秋白忘记了逃难的紧张环境。秋白对鲁迅的评论——《鲁迅杂感选集序言》，增强了革命文艺战线的力量。秋白所以对鲁迅能够作出那样恰当的评论，除了他有坚定的无产阶级立场，明晰的马列主义观点和高深的文艺修养外，还由于他与鲁迅有着极为亲密的阶级友谊，真正知己的关系和相互批评的革命精神。鲁迅曾给秋白一副亲笔写的立轴，上面写着："人生得一知己足矣，斯世当以同怀视之。"

在这个时期中，秋白与茅盾的来往也是比较密切的。有一天，茅盾来到我们家里，与秋白谈《子夜》的初稿，秋白很高兴地结合大革命时候的实际的群众运动，两湖农民斗争情况，畅谈他对《子夜》的意见。他们还没有谈完，我们的住宅因别的机关遭到破坏而受牵连，茅盾就把秋白带到自己家里，同住了一个时期。

秋白就在这短短几年中，在严重的白色恐怖的威胁下，在地下的流浪生活中，把自己的心血放进新文学中去。秋白这时期文学上的作品大多收集在后来由鲁迅编成的《海上述林》及其它的文集中。秋白在文学上的贡献主要表现在四个方面：马克思列宁主义的文艺理论和文艺批评、大众文艺的理论和实践、苏联文学的介绍和翻译，以及他自己的创作。

十

一九三三年秋冬之间，秋白和我从上海北四川路底东照里的一个亭子间搬到新闸路一个前楼，又从这里搬到俄国公寓，又从俄国公寓搬到上海英租界某里的一个前楼，秋白在这样搬来搬去十分不安静的条件下，仍旧能坚持每天十小时以上的译著工作。党刊上的一些政治论文和《瞿秋白文集》内的马列主义文艺理论以及普希金的《茨冈》等，就在这一时期内写作或翻译的。他一向不肯放松时间，他热爱工作已成为自己的习惯。

一天晚上，有一位同志来到我家，对秋白说："中央有电报来要你去中央苏区。"秋白毫不迟疑地回答："想去很久了。"他沉静地点燃了手上的烟斗，问："之华可以同去吗？"那位同志迟疑了一会，回答说："我可以把这意见反映给组织。"第二天，那位同志又来了，一谈到我的问题时，那位同志这样回答：“之华去苏区的问题，要等有人代替她的工作才能走，请你先走吧！”

这样决定之后，秋白大部分的时间和精力都用来整理他自己三年来在文学方面的译著，而我在工余时间，为他准备去苏区的行装。当时我担任组织部的秘书工作。有时他看见我工作忙，就放下自己的工作来帮助我。

在将要动身去苏区的前几天，他有这样一种不可遏止的愿望和要求：“我要和鲁迅茅盾告别。”他对在艰苦环境中并肩作战的友人怀着无限深厚的亲切感情，这种感情是我所了解并能深刻地体会到的，我就这样嘱咐他：“路上小心些，今晚去，明晚回来。”他听了我的回答高兴极了，在他的眼睛里突然放出了愉快的光芒。

第二天晚上，他回来了。他走起路来总是轻轻地，使人不容易听出他的脚步声。当我听到开大门的声音时，心就平静下来。看到他满脸笑容地出现在我的眼前，仿佛年青了许多，我也和他一样高兴。他对我说：“要见的都见到了，茅盾和鲁迅身体都好，海婴也没有病。鲁迅和许先生睡了一夜地板，把床让给了我。”他带着微笑，表现了他的满意和抱愧。顿了一顿，又说：“感谢你，亲爱的。”这是他在不自由的地下生活里，一旦能出去一下，回家来经常喜欢说的一句话。不多一会，他由愉快逐渐地进入沉思，不断地吸着烟，烟斗头上时而发出滋滋的声音，烟雾一股股地在灯光下浮动。他平日是不爱多说话的，这时好像有千言万语无从说起。我体会到他内心离别的感情，就打断了他的沉思：“我替你买了一个杯子，还有你需要用的十本黑漆布面的本子。”他就很满意地接了过去，收藏起来了，这是他平常写文章时候最喜欢用的本子。

在别离前一天，我参加了整天的会议，会场就在楼下，上楼也很方便，每当休息的时候，仿佛他等着要见我，而我也一样要见他。在我们的房里除卧铺书桌椅子以外，没有多的东西，已经整理好的一只衣箱摆在房间角落里。他的书桌向来都是非常整齐的，今天虽然多了些书和正在整理的稿子，但依然很有条理。他叹着说："可惜《茨冈》尚未译完，来不及完成了。"他拿起稿子又放下，自言自语地说："随身带去又不可能。"过了一会他又说："我最遗憾的是一九三一年住在紫霞路六十八号时写成的驳斥叶青谬论的稿子被遗失了，这部稿子有七、八万字，化的心血确不少，失去后再也找不回来，实在太可惜。"

我的工作是在白天，他的工作往往在深夜。在静悄悄的夜里，他弯着腰低着头伏在书桌上辛勤地工作，已成了他多少年来的习惯。但这一夜却与往常不一样，我在睡梦中不断醒过来，也不断地见到他绕着我的床踱来踱去，或者坐在椅子上沉思抽烟，安静的夜并不能安静他的心。快要天亮的时候，他看见我醒了，悄悄地走过来，低下头，指着书桌上的一迭书说："这是你要读的书。"又把十本黑漆布面的本子分成两半："这五本是你的，这五本是我的，我们离别了，不能通讯，就将要说的话写在上面罢，到重见的时候，交换着看吧！"

他一夜没有休息，但精神还很好。我们谈着当前的工作，也谈着离别以后的生活。我发现他一直为分别后我的生活耽心，为我的安全耽心，我就像小孩子似地轻松地对他说："不要紧的，过去离别几次不是都重见了吗？这次当然也一样！"他说："我们还能在一起工作就好了！"我说："组织已经答复我们，等找到代替我工作的人，我就可以走了，我们会很快地见面的。"他突然握住我的手说："之华，我们活要活在一起，死也要死在一起。你还记得广东某某同志夫妇一同上刑场的照片吗？"我紧紧地拥抱着他说："真到那一天也是幸福的！"

他愈说愈兴奋了，在他的脸上充满了对共产主义事业的信心，他很坚决地对我说："我一旦被捕，受到审判的时候，就这样回答他们：'你们不配审判我，我要审判你们！'"他的坚强的意志，热烈的感情，无形中给予我一种不可摧毁的内在力量。

这一天的晚饭比较丰富，在一起工作的同志们各出一元钱，叫了个菊花锅，买了几个苹果，大家很愉快地给他送行。夜十一点他离开了寓所，我送他出门，他尚未走到里弄口，又在白雪纷飞的路灯底下回到我的眼前：

"之华，我走了！……"

"再见，我们一定能重见！"我很自信地回答他。

我又送了他一段路，一直看他的影子消失在黑魆魆的大街尽头，我才回到自己的房间，看见了他的整齐的书桌，和书桌上的笔墨铜尺。很触目的是他替我作好的半年读书计划，和准备我读的一迭整齐的书，其中有一本斯大林同志著的、他自己翻译的《列宁主义问题》。我抬头看着房间的周围，墙上挂着他穿过的一件破单衣。这一切东西很自然使我感觉到，似乎他已离开了我，也似乎他还没有离开我。当我脱了鞋子上床时，看不到那个弯着腰低着头伏在案上辛勤写作的秋白，才明白他确实离开了……。

过了半个月，接到他托人带给我的一张小条子，上面写着："我将到我们的老家，很快会看见亲兄弟，那是一个不可想象的天堂！快来！"

十一

一九三四年底，一个大雪纷飞的黑夜，因为鲁迅有病，我跑去看他。我从大陆新村的后门进去，走上熟悉的楼梯，在二楼的房间里，我看见鲁迅坐在火盆边烤火，他的头发、胡子很长，脸削瘦的厉害，眼睛深陷了进去。他的清瘦和脸上阴郁的气色使我吃惊。我坐在火盆旁边，问他身体好一些了没有？他并没有回答我的问题，却问我："听说秋白在苏区病死了，这个消息确实否？"我告诉他，我没有听到什么消息，恐怕不会吧。他要求我："把消息打听清楚后告诉我。"他又关切地嘱咐我："你自己也应多加小心。"后来，我写信给他，告诉他秋白并没有牺牲。

从这以后，机关被破获的越来越多，苏区的交通也断了，困难更多了。为了鲁迅的安全，我决不再去看他，到了第二年一月，我的住宅也被搜查了，在上海的机关几乎百分之九十以上被破坏，有一位住在机关的老太太把我从搜查过的机关中接了出来。在她的亲戚家碰到了杜延庆同志，他要急救一位同志出医院（因为机关破坏被牵连到医院）但没有钱，我就写信给鲁迅，从他那里取来五十元，帮助了一位同志就没有被捕。我和杜延庆等商量为了隐蔽自己，并在工人群众中建立党的组织，我和杜延庆同志在群众的帮助下，都参加了生产，我投考英商班达蛋厂去作工。不久，我知道鲁迅在找我，叫我赶快去拿信。我因为自己去他家不妥当，托了一位工人代我去取回来信。信是从福建寄给鲁迅的，大概的意思："我在北京和你有一杯之交，分别多年没通消息，不知你的身体怎样，我有病在家住了几年，没有上学。二年前，我进同济医科大学，读了半年，病又发，到福建上杭养病，被红军俘虏，问我作什么，我说并无擅长，只在医科大学读了半年，对医学一知半解。以后，他们决定我作军医。现在被国民党逮捕了，你是知道我的，我并不是共产党员，如有人证明我不是共产党员，有殷实的铺保，可释放我。"信尾署名是"林其祥"。这里秋白暗示他当时的入狱情况和口供。

秋白被捕了！怎样才能搭救秋白？怎样才能多知道他的情况，再和他见面？我一面工作，一面想尽办法找铺保。整夜整夜地睡不着觉。杜延庆也和我同样地奔忙着，设法找铺保。终于，我找到牧师秦化人，他说他有一个开旅馆的朋友，答应为秋白作保。在这时，周建人先生又拿了秋白给他的一封信给我看，信中写他在上杭被捕，在狱中衣单薄，夜间很冷，食物又少，受冻受饿，管监狱的告诉他：如有殷实铺保或有力的团体可以保释。看了这封信，我亲手给他做了两条裤子，鲁迅又一次送来了五十元给秋白用，我把这钱连同铺保一起从邮局寄去了。

第二天，报上以巨大篇幅登载了秋白被捕的消息，我一看报，知道秋白不能活了，马上派人去看鲁迅先生。那人回来告诉我，鲁迅木然坐在那里，一言不发，头也抬不起来了。后来周建人先生来看我，说鲁迅转告我一个消息：当秋白被捕后，国民党在南京召开了中央高级干部会议，讨论究竟要不要杀死秋白，蔡元培提出来像秋白这样有天才的人，在中国不可多得，主张不要杀他，但戴季陶等国民党反动分子坚决要杀害秋白。

过了几天，有一个人跑到我母亲家里，说秋白有信给我哥哥和我，我哥哥不在上海，这两封信，他一封也不肯交出来，只说秋白"自首"了。我妹妹跑来找我，我心里已经明白了，对她说："秋白决不会自首，那是个坏蛋。你不能再到我这里来。"并告诉她，如有可能，最好把两封信骗下来。

第二天，我妹妹拿来秋白给我哥哥的信，信上写着，"我的事想你们在报上已看到了，我要和你们永别了。之华是我生平唯一的知己，或者她也被捕，我知道你们是不会知道她的下落的。但我要留最后一封信给她，想你们也没有办法转给她，那么，就请你们投寄给叶圣陶先生作为写小说的材料吧！望你们保重。"

秋白给我的最后一封信，那个坏蛋始终不肯交出来，并无耻地欺骗我母亲说："秋白自首了，他要我亲手交给她，这封信不能由你们转交。"他拿着那封很长的信，在我母亲眼前晃了晃。

我相信秋白，正像秋白相信党一样。我记起秋白在白色恐怖严重的时候，我们常常谈到被捕和死的问题。秋白说："我们的不自由是为了群众的自由，我们的死是为了群众的生。""被捕在革命中是难免的，反真理的人不配审判为真理而斗争的人，到那个时候真理要审判反真理的敌人！"秋白是一个坚定的共产党员，决不会背叛他的信仰的，虽然我渴望看到秋白给我最后的一封信，但是，我不能上敌人的当，终于拒绝去取秋白这封最后的也是最宝贵的信。

十二

秋白和我们永别了。为了真理，为了共产主义事业，他英勇地献出了自己的生命。

后来，在延安，在晋绥，在太行，在晋察冀，直到进了北京，遇到了许多过去和秋白在一起的老同志，从他们那里，我知道了一些秋白在苏区以及被捕牺牲的情形。

秋白到达中央苏区瑞金后，担任中央工农民主政府人民教育委员兼苏维埃大学校长。那时兼任苏维埃大学副校长的徐特立同志对我说："秋白同志对教育工作十分负责，苏维埃大学直接负责人是我，但他关心政治教育的每一课程，和每一次学习讨论。他那样衰弱的身体，在十分艰苦的生活环境里，由于他认真工作，一切困难他都忘却了，精神上十分愉快。"

真的，有不少同志告诉我，秋白在苏区是很愉快的。当时中央各部门相距三五里至六七里路，相当分散，秋白学会了骑马，经常穿着我做的一套衣裤，戴着我亲手制的绒线帽，扎起裤角，骑一匹黑马奔驰，同志们见了都很欣喜，说："秋白同志年轻了，完全变了一个人，多么活跃！"他非常诙谐健谈，使人感到亲切，同志们都喜欢到他那儿去。他住的房间，用床隔着作两间，一半算是办公室，一半算是卧室，有时他发着烧，还坐在床上，滔滔不绝的谈问题，有的同志说："想不到那么严肃的秋白同志，竟这么和蔼可亲，平易近人。"当然，生活在自己的政权下，踏着自己的土地，呼吸着自由的空气，心情怎能不变呢？

秋白的生活和大家一样，是很艰苦的。敌人对苏区的"围剿"和封锁，苏区的粮食和日用必需品是很少的。为了支援前线，后方的油盐少得很。徐特立同志回忆当时的情况说："当时粮食是按人分配，每人十四两到一斤四两米，为克服困难，每个党员和群众都自动节省粮食。我是一日十四两米，秋白同志吃多少我不知道，只知道节约委员会批评教育部节约的'过火'。有一天我到教育部去了，他留我吃饭，说某同志送给他几两盐，请我吃一些有盐的菜。"邓颖超同志很关心秋白，送几个鸡蛋或几张糖饼给他吃，而他总是拿出来请客。

在长征前，秋白以为自己也和大家一样，会参加长征的，他整理好自己的行李。但组织上决定他留下来，在后方隐蔽工作。为了和老同志话别，秋白请了李富春、蔡畅、刘少文、傅连暲等同志吃了一顿饭。在饭桌上，大家心里有许多话要说又没有说出来。沉默中，秋白举起一只酒杯，向大家说："这酒杯是之华在白区临别时给我的。"秋白的神色很黯然，默默地与同志们握手告别了。

长征出发时，徐特立同志经过沙洲坝，去看秋白。时间很匆促，两人没有多谈。秋白预见着长征有许多困难，便把自己的好马和强壮的马夫换给徐特立同志了。徐特立同志说："当时我们都以为红军出来不久必仍回苏区，我和秋白同志在此永别是我意料不到的。"

因为负伤而留在医院里的陈毅同志，第二天碰到了秋白，问他为什么不走。陈毅同志爱护秋白，愿意把自己的马给他，劝他赶紧追上去，跟着队伍出发。秋白告诉他组织上决定自己留在后方。秋白说："我服从组织的命令。"

一九三五年二月中旬，秋白和邓子恢、何叔衡等同志，由几十名武装保护离开了瑞金，化装成老百姓，来到福建省委所在地。到了这里，他们才知道还要到汀杭中心县委，然后，子恢同志去永定县，而秋白将经潮汕前往上海。走了四五天，至水口五里桥小径牛庄岭附近，天下雨了，一行人便到一个老乡家里去休息。这时，忽听得两声枪响，有人出去探望，被民团发现了。秋白等立刻离开老乡家里，过羊角溪上山，到了山顶。这时，伪保安第十团团长钟绍葵已派了四连武装部队围住了山。秋白对子恢同志说："为着苏维埃，流最后一滴血是光荣的。"后来，子恢同志提议突围，由何叔衡同志先混下山，子恢同志最后下山。何叔衡同志在乱枪下被打死了。秋白因不能走路，被敌人捉住了。子恢同志是本地人，熟悉本地情况，逃出了险境。

秋白被捕后，没有暴露他的真面目。第二天，他被带上手铐脚镣，送到上杭县匪部监禁一月余。鲁迅和周建人先生得到他的信，大概就在这时写的。这时他还有一线生存的希望。

匪三十六师师长宋希濂这时收到蒋介石的电报，说秋白已被匪三十六师逮捕，要他即时把讯核情况上报。（据说，从秋白离开苏区时，就有托匪向蒋介石告密。）宋希濂这时还没有发现秋白，就决定各团把俘虏的姓名，俘虏地点以及相貌特征分别详细造册，送到师部。敌人从表册上看到"林其祥"是江苏人，四十岁左右，军医，人单瘦，谈吐文雅，以行迹可疑被捕，由于听说"林其祥"在苏区人民教育委员会工作过，便将他送到福建长汀匪三十六师师部。

据说秋白被解到长汀后，曾被敌人讯问用刑多次，都没有暴露。后来，匪徒发觉在被囚押的人中，有一个十七八岁的陈姓青年，曾在中央苏区人民教育委员会当过收发，因而想出一条诡计，设法使陈姓青年与秋白骤然相遇，以观察他们的表情，辨别到底是不是秋白。

这天，匪徒把秋白带到一间房子里，又秘密使人把陈姓青年带来。陈姓青年迈进门坎，突然看见了秋白，脚步骤然停住，脸上露出惊异的表情。匪徒奸猾地说："原来你们彼此都认识么？"秋白马上从椅子上立起来，哈哈笑着说："这算是演了一幕很滑稽的戏！"随又说："我的事你们都知道了，不必再问。"

蒋介石命令他的匪徒，千方百计引诱秋白，劝秋白投降，写"反省书"。秋白坚决地拒绝了匪徒们一切威逼利诱，他说："我为了党、为了人民，应把革命坚持到底。"再来劝他时，他就岸然回答："人爱自己的历史，比鸟爱自己的翅膀更厉害，请勿撕破我的历史！"

在这期间，秋白写了许多诗词和一本《多余的话》，都被匪徒们拿走了。有一个敌人的军医请秋白在他于狱中所拍的照片上题词，秋白写道：

> 如果人有灵魂的话，何必要这个躯壳！
>
> 但是，如果没有的话，这个躯壳又有什么用处？
>
> 这并不是格言，也不是哲理，而是另外有些意思的话

瞿秋白

一九三五年五月

摄于汀州狱中

这几句话，表现秋白有高度乐观的共产主义人生观，只要对革命有利益，个人生死完全可以置之度外，永远地忠实于党的事业。

敌人用尽了一切手段，丝毫不能摇撼秋白坚贞不屈的革命气节。蒋匪下令："劝降不成，就地枪决。"当匪徒们拿出蒋匪的电报给秋白看时，秋白只淡然一笑："为革命而死，是人生最大的快乐。"并说："一个革命党人很难得一个休息的机会；被捕监禁，不过是暂时的休息，'死'才是给他一个安静的长期的休息。我们革命党人的哲学，就是鞠躬尽瘁，死而后已。"他们听了，也不禁脸红耳赤，肃然起敬。

在执行死刑的前一天晚上，秋白依然笑容满面，一如平日。第二天——六月十八日，匪徒们在长汀公园设了一席菜饭，请秋白午餐。秋白吃罢饭，引吭高唱《国际歌》和《红军之歌》。然后，他慢慢步至刑

场，神色不变。临刑前的一刹那，监刑的一个国民党员笑问秋白："如果杀尽了共产党人，革命便可成功了。"秋白笑着说："共产党人是杀不尽的。没有共产党人，革命是不会成功的。"说完，秋白走到一块草坪上，坐下来，点头微笑，对刽子手们说："此地很好。"

枪声响了。

下午，秋白被埋在长汀西门外罗汉岭盘龙岗。

（此文是在业余时间随想随写的，很不成熟。在文字上，南新宙和周晔两同志也出了一部分劳动，我在这里特致谢意。——作者）

多余的话

（一九三五年五月十七——二十二日）

瞿秋白

　　周海滨按：录自《瞿秋白文集》。原编者按如下："编者按：《多余的话》是瞿秋白就义前在福建汀州狱中所作。这里根据中央档案馆保存的国民政府档案手抄本刊出。其中明显的错字漏字都在〔　〕内标明。

　　1935 年 8、9 月，国民党'中统'主办的《社会新闻》部分刊载了这篇《多余的话》，1937 年《逸经》半月刊第 25、26、27 期发表了全文；与手抄本比较，《逸经》发表的文本有不少遗漏，这里都逐一注明。

　　《多余的话》至今未见到作者手稿。从文章的内容、所述事实和文风看，是瞿秋白所写；但其中是否有被国民党当局篡改之处，仍难以断定，故作为'附录'收入本卷，供研究者参考。"注释为原编者所加。

> "知我者，
> 　　　谓我心忧；
> 不知我者，
> 　　　谓我何求。"①

---

①语出《诗经·黍离》。

何必说？（代序）

话既然是多余的，又何必说呢？已经是走到了生命的尽期，余剩的日子不但不能按照年份来算，甚〔至〕不能按星期来算了。就是有话，也是可说可不说的了。

但是，不幸我卷入了"历史的纠葛"——直到现在外间好些人还以为我是怎样怎样的。我不怕人家责备，归罪，我倒怕人家"钦佩"。但愿以后的青年不要学我的样子，不要以为我以前写的东西是代表什么什么主义的；所以我愿意趁这余剩的生命还没有结束的时候，写一点最后的最坦白的话。

而且，因为"历史的误会"，我十五年来勉强做着政治工作——正因为勉强，所以也永久做不好，手里做着这个，心里想着那个。在当时是形格势禁，没有余暇和可能说一说我自己的心思，而且时刻得扮演一定的角色。现在我已经完全被解除了武装，被拉出了队伍，只剩得我自己了。心上有不能自已的冲动和需要：说一说内心的话，彻底暴露内心的真相。布尔什维克所讨厌的小布尔乔亚智识者的"自我分析"的脾气，不能够不发作了。

虽然我明知道这里所写的，未必能够到得读者手里，也未必有出版的价值，但是，我还是写一写罢。人往往喜欢谈天，有时候不管听的人是谁，能够乱谈几句，心上也就痛快了。何况我是在绝灭的前夜，这是我最后"谈天"的机会呢？

瞿秋白

一九三五·五·一七于汀州狱中

"历史的误会"

　　我在母亲自杀家庭离散之后，孑然一身跑到北京，本想能够考进北大，研究中国文学，将来做个教员度这一世，甚么"治国平天下"的大志都是没有的，坏在"读书种子"爱书本子，爱文艺，不能"安分守己的"专心于升官发财。到了北京之后，住在堂兄纯白家里，北大的学膳费也希望他能够帮助我——他却没有这种可能，叫我去考普通文官考试，又没有考上，结果，是挑选一个既不要学费又有"出身"的外交部立俄文专修馆去进。这样，我就开始学俄文了（一九一七夏），当时并不知道俄国已经革命，也不知道俄国文学的伟大意义，不过当作将来谋一碗饭吃的本事罢了。

　　一九一八年开始看了许多新杂志，思想上似乎有相当的进展，新的人生观正在形成。可是，根据我的性格，所形成的与其说是革命思想，无宁说是厌世主义的理智化。所以最早我同郑振铎、瞿世英、耿济之几个朋友组织《新社会》杂志①的时候，我是一个近于托尔斯泰派的无政府主义者，而且，根本上我不是一个"政治动物"。五四运动期间，只有极短期的政治活动，不久，因为已经能够查着字典看俄国文学名著，我的注意力就大部分放在文艺方面了，对于政治上的各种主义，都不过略略"涉猎"求得一些现代常识，并没有兴趣去详细研究。然而可以说，这时就开始"历史的误会"了：事情是这样的——五四运动一开始，我就当了俄文专修馆的总代表之一，当时的一些同学里，谁也不愿意干，结果，我得做这一学校的"政治领袖"，我得组织同学群众去参加当时的政治运动。不久，李大钊、张崧年他们发起马克思主义研究

①《新社会》旬刊，1919 年 1 月 1 日创刊，次年 5 月被查封。

会①（或是"俄罗斯研究会"罢？），我也因为读了俄文的倍倍尔的《妇女与社会》②的某几段，对于社会——尤其是社会主义的最终理想发生了好奇心和研究的兴趣，所以也加入了。这时候大概是一九一九年底一九二〇年初，学生运动正在转变和分化，学生会的工作也没有以前那么热烈了。我就多读了一些书。

最后，有了机会到俄国去了——北京《晨报》③要派通信记者到莫斯科去，来找我。我想，看一看那"新国家"尤其是借此机会把俄国文学好好研究一下，的确是一件最惬意的事，于是就动身去（一九二〇年八月）。④

最初，的确吃了几个月黑面包，饿了好些时候，后来俄国国内战争停止，新经济政策实行，生活也就宽裕了些。我在这几个月内，请了私人教授，研究俄文、俄国史、俄国文学史。同时，为着应付《晨报》的通信，也很用心看俄国共产党的报纸、文件，调查一些革命事迹，我当时对于共产主义只有同情和相当的了解，并没有想到要加入共产党，更没有心思要自己来做中国共产党的"创始人"，因为那时候，我误会着加入了党就不能专修文学——学文学仿佛就是不革命的观念，在当时已经通行了。

可是，在当时的莫斯科，除我以外，一个俄文翻译都找不到。因此，东方大学开办中国班的时候（一九二一年秋），我就当了东大的翻译和助教；因为职务的关系对马克思主义的理论书籍不得不研究些，而文艺反而看得少了。不久（一九二二年底），陈独秀代表中国共产党到

---

①马克思主义研究会是在李大钊的组织和指导下，由当时北京大学学生邓中夏、张国焘、刘仁静等人发起，于1920年3月创立。

②《妇女与社会》，即《妇女与社会主义》（Femme et Socialisme）。其作者倍倍尔（August Bebel，1840—1913），是德国社会民主党和第二国际的创建者和领导者之一。

③《晨报》初名《晨钟报》，是研究系的机关报。1916年8月创刊于北京，1928年6月停刊。

④瞿秋白在《饿乡纪程》一书中记述，他是1920年10月14日从北京动身去莫斯科的。

莫斯科①（那时我已经是共产党员，还是张太雷介绍我进党的），我就当他的翻译。独秀回国的时候，他要我回来工作，我就同了他回到北京。于右任、邓中夏等创办"上海大学"的时候，我正在上海，这是一九二三年夏天，他们请我当上大的教务长兼社会学系主任。那时，我在党内只兼着一点宣传工作，编辑《新青年》。

上大初期，我还有余暇研究一些文艺问题，到了国民党改组，我来往上海、广州之间，当翻译，参加一些国民党工作（例如上海的国民党中央执行部的委员等），而一九二五年一月共产党第四次全国代表大会，又选举了我的中央委员，② 这时候就简直完全只能做政治工作了，我的肺病又不时发作，更没有可能从事于我所爱好的文艺。虽然我当时对政治问题还有相当的兴趣，可是有时也会怀念着文艺而"怅然若失"的。

武汉时代的前夜（一九二七年初），我正从重病之中脱险，将近病好的时候，陈独秀、彭述之等的政治主张，逐渐暴露机会主义的实质，一般党员对他们失掉信仰。在中国共产党第五次大会上（一九二七年四五〔月〕间），独秀虽然仍旧被选，但是对于党的领导已经不大行了。武汉的国共分裂之后，独秀就退出中央，那时候没有别人主持，就轮到我主持中央政治局。其实，我虽然在一九二六年年底及一九二七年年初就发表了一些议论反对彭述之，随后不得不反对陈独秀，可是，我根本上不愿意自己来代替他们——至少是独秀。我确是一种调和派的见解，当时想望着独秀能够纠正他的错误观念不听述之的理论。等到实逼处此，要我"取独秀而代之"，我一开始就觉得非常之"不合式"，但是，又没有什么别的办法。这样我担负了直接的政治领导有一年光景（一九

---

①陈独秀当时到苏联参加共产国际第四次代表大会。

②"四大"选举陈独秀、蔡和森、张国焘、彭述之和瞿秋白等5人组成中央主席团（即中央常委会）。周海滨按："中央主席团（即中央常委会）"的说法不准确。"四大"选出中委执行委员会，陈独秀等9人当选为中央执行委员；在随后举行的中央执行委员会第一次会议上，陈、蔡、张、彭、瞿组成中央局。

二七年七月到一九二八年五月）。这期间发生了南昌暴动、广州暴动，以及最早的秋收暴动。当时，我的领导在方式上同独秀时代不同了。独秀是事无大小都参加和主持的。我却因为对组织尤其是军事非常不明了也毫无兴趣，所以只发表一般的政治主张，其余调遣人员和实行的具体计划等就完全听组织部、军事部去办，那时自己就感觉到空谈的无聊，但是，一转念要退出领导地位，又感得好像是拆台。这样，勉强着自己度过了这一时期。

一九二八年六月间共产党开第六次大会的时候，许多同志反对我，也有许多同志赞成我。我的进退成为党的政治主张的联带问题。所以，我虽然屡次想说："你们饶了我罢，我实在没有兴趣和能力负担这个领导工作。"但是，终于没有说出口。当时形格势禁，旧干部中没有别人，新干部起来领导的形势还没有成熟，我只得仍旧担着这个名义。可是，事实上六大之后，中国共产党的直接领导者是李立三和向忠发等等，因为他们在国内主持实际工作，而我只在莫斯科当代表当了两年。直到立三的政治路线走上了错误的道路，我回到上海开三中全会（一九三〇年九月底），我更觉得自己的政治能力确实非常薄弱，竟辨别不出立三的错误程度。结果，中央不得不再召集会议——就是四中全会，来开除立三的中央委员，我的政治局委员，新干部起来接替了政治上的最高领导。我当时觉得松了一口气，从一九二五年到一九三一年初，整整五年我居然当了中国共产党领袖之一，最后三年甚至仿佛是最主要的领袖（不过并没有像外间所传说的"总书记"的名义）。

我自己忖度着，像我这样的性格、才能、学识，当中国共产党的领袖确实是一个"历史的误会"。我本只是一个半吊子的"文人"而已，直到最后还是"文人结〔积〕习未除"的。对于政治，从一九二七年起就逐渐减少兴趣，到最近一年——在瑞金的一年，实在完全没有兴趣了。工作中是"但求无过"的态度，全国的政治形势实在懒问得。一方面固然是身体衰弱精力短少而表现的十二分疲劳的状态，别方面也是十几年为着"顾全大局"勉强负担一时的政治翻译，政治工作，而一直拖延下来，实在违反我的兴趣和性情的结果，这真是十几年的一场误会，一场噩梦。

我写这些话，绝不是要脱卸什么责任——客观上我对共产党或是国民党的"党国"应当负什么责任，我决不推托，也决不能用我主观上的情绪来加以原谅或者减轻。我不过想把我的真情，在死之前，说出来罢了。总之，我其实是一个很平凡的文人，竟虚负了某某党的领袖的声名十来年，这不是"历史的误会"，是什么呢？

脆弱的二元人物

一只羸弱的马拖着几千斤的辎重车，走上了险峻的山坡，一步步的往上爬，要往后退是不可能，要再往前去是实在不能胜任了。我在负责政治领导的时期，就是这样的一种感觉。欲罢不能的疲劳使我永久感觉一种无可形容的重厌〔压〕。精神上政治的倦怠，使我渴望"甜密〔蜜〕的"休息，以致于脑经麻木停止一切种种思想。一九三一年一月的共产党四中全会开除了我的政治局委员之后，我的精神状态的确是"心中空无所有"的情形，直到现在还是如此。

我不过刚满三十六岁（虽然照阴历的习惯我今年是三十八岁），但是自己觉得已经非常的衰惫，丝毫青年壮年的兴趣都没有了。不但一般的政治问题懒得去思索，就是一切娱乐甚至风景都是漠不相关的了。本来我从一九一九年就得了吐血病，一直没有好好医治的机会，肺结核的发展曾经在一九二六年走到最危险的阶段，那年幸而勉强医好了，可是立即赶到武汉去，立即又是半年最忙碌紧张的工作。虽然现在肺痨的最危险期逃过了，而身体根本弄坏了，虚弱得简直是一个废人。从一九二〇年直到一九三一年初，整整十年——除却躺在床上不能行动神智昏聩的几天以外——我的脑经从没有得到休息的日子。在负责时期，神经的紧张自然是很厉害的，往往十天八天连续的不安眠，为着写一篇政治论文或者报告。这继续十几年的不休息，也许是我精神疲劳和十分厉害的神经衰弱的原因，然而究竟我离衰老时期还很远，这十几年的辛劳，确实算起来，也不能说怎么了不得，而我竟〔成〕了颓丧残废的废人。我是多么脆弱、多么不禁磨炼啊！

或者，这不仅是身体本来不强壮，所谓"先天不足"的原因罢。

我虽然到了十三四岁的时候就很贫苦了；可是我的家庭世代是所谓"衣租食税"的绅士阶级，世代读书，也世代做官。我五六岁的时候，我的叔祖瞿睿韶还在湖北布政司使任上，他死的时候正署理了湖北巡抚。（周海滨按：似有误。查钱实甫编《清代职官年表》，1900 年至 1903 年任湖北布政使的是瞿廷韶。1901 年至 1904 年，湖北巡抚是端方和张之洞。1904 年湖北巡抚裁撤。）因此我家的田地、房屋虽然在几十年前就已经完全卖尽，而我小的时候，却靠着叔祖、伯父的官俸过了好几年十足的少爷生活。绅士的体面"必须"继续维持。我母亲宁可自杀而求得我们兄弟继续读书的可能；而且我母亲因为穷而自杀的时候，家里往往没有米煮饭的时候，我们还用着一个仆妇（积欠了她几个月的工资到现在还没有还清），我们从没有亲手洗过衣服，烧过一次饭。

直到那样的时候，为着要穿长衫，在母亲死后，还剩下四十多元的裁缝债，要用残余的木器去抵账。我的绅士意识——就算是深深潜伏着表面不容易觉察罢——其实是始终没脱掉的。

同时，我二十一二岁，正当所谓人生观形成的时期，理智方面是从托尔斯泰式的无政府主义很快就转到了马克思主义。人生观或是主义，这是一种思想方法——所谓思路；既然走上了这条道路，却不是轻易就能改换的。而马克思主义是什么？是无产阶级的宇宙观和人生观。这同我潜伏的绅士意识，中国式的士大夫意识，以及后来蜕变出来的小资产阶级或者市侩式的意识，完全处于敌对的地位；没落的中国绅士阶级意识之中，有些这样的成分：例如假惺惺的仁慈礼让，避免斗争……以至寄生虫式的隐士思想。完全破产的绅士往往变成城市的波希美亚①——高等游民，颓废的，脆弱的，浪漫的，甚至狂妄的人物，说得实在些，是废物。我想，这两种意识在我内心里不断的斗争，也就侵蚀了我极大部分的精力。我得时时刻刻压制自己的绅士和游民式的情感，极勉强的用我所学到的马克思主义的理智来创造新的情感，新的感觉方法。可是无产阶级意识在我的内心是始终没有得到真正的胜利的。

当我出席政治会议，我就会"就事论事"，抛开我自己的"感觉"专就我所知道的那一点理论去推断一个问题，决定一种政策等等。但是我一直觉得这种工作是"替别人做的"，我每次开会或者做文章的时候，都觉得很麻烦，总在急急于结束，好"回到自己那里去"休息。我每每幻想着：我愿意到随便一个小市镇上去当一个教员，并不是为着发展什么教育，只不过求得一口饱饭罢了，在余的时候，读读自己所爱读的书，文艺、小说、诗词、歌曲之类，这不是很逍遥的吗？

这种二元化的人格，我自己早已发着〔觉〕——到去年更是完完全全了解了，已经不能够丝毫自欺的了；但是八七会议之后我没有公开的说出来，四中全会之后也没有说出来，在去年我还是决断不下，一至延迟下来，隐忍着。甚至对之华（我的爱人）也只偶然露一点口风，往往还要加一番弥缝的话。没有这样的勇气。

可是真相是始终要暴露的，"二元"之中总有"一元"要取得实际上的胜利。正因为我的政治上疲劳、倦怠，内心的思想斗争不能再持续了，老实说，在四中全会之后，我早已成为十足的市侩——对于政治问

---

①《逸经》所刊文本，自"完全破产的绅士往往变成城市的波希米亚"起，至以下第四段"对于现代文学以及文学史上的各种有趣的问题"一句为止，一共遗漏 4 段文字。

题我竭力避免发表意见，中央怎么说，我就依着怎么说，认为我说错了，我立刻承认错误，也没有什么心思去辩白，说我是机会主义就是机会主义好了；一切工作只要交代得过去就算了。我对于政治和党的种种问题，真没有兴趣去注意和研究。只因为久年的"文字因缘"，对于现代文学以及文学史上的各种有趣的问题，有时候还有点兴趣去思考一下，然而大半也是欣赏的份数居多，而研究分析的份数较少。而且体力的衰弱也不容许我多所思索了。

体力上的感觉是：每天只要用脑到两三小时以上，就觉得十分疲劳，或者过分的畸形的兴奋——无所谓的兴奋，以至于不能睡觉，脑痛……冷汗。

唉，脆弱的人呵！所谓无产阶级的革命队伍需要这种东西干吗?!我想，假定我保存这多余的生命若干时候，我只有拒绝用脑的一个方法，我只做些不用自出心裁的文字工作，"以度余年"。但是，最好是趁早结束了罢。

我和马克思主义

当我开始我的社会生活的时候，正是中国的"新文化"运动的浪潮非常汹涌的时期。为着继续深入地研究俄国文学，我刚好又不能不到世界第一个"马克思主义的国家"去。我那时的思想是很紊乱的：十六七岁开始读了些老庄之类的子书，随后是宋儒语录，随后是佛经、《大乘起信论》——直到胡适之的《哲学史大纲》①，梁濑溟〔漱溟〕的印度哲学，还有当时出版的一些科学理论，文艺评论。在到俄国之前，固然已经读过倍倍尔的著作，《共产党宣言》之类，极少几本马克思主义的书籍，然而对马克思主义的认识是根本说不上的。

①《逸经》本自"直到胡适之的《哲学史大纲》"至"文艺评论"，共遗漏36字。

　　而且，我很小的时候，就不知怎样有一个古怪的想头。为什么每一个读书人都要去"治国平天下"呢？各人找一种学问或是文艺研究一下不好吗？所以我到俄国之后，虽然因为职务的关系时常得读些列宁他们的著作、论文、演讲，可是这不过求得对于俄国革命和国际形势的常识，并没有认真去研究政治上一切种种主义，正是"治国平天下"的各种不同的脉案和药方。我根本不想做"王者之师"，不想做"诸葛亮"——这些事自然有别人去干——我也就不去深究了。不过，我对于社会主义或共产主义的终极理想，却比较有兴趣。

　　记得当时懂得了马克思主义的共产社会同样是无阶级、无政府、无国家的最自由的社会，心上就很安慰了，因为这同我当初的无政府主义，和平博爱世界的幻想没有冲突了。所不同的是手段，马克思主义告诉我要达到这样的最终目的，客观上无论如何也逃不了最尖锐的阶级斗争，以至无产阶级专政——也就是无产阶级统治国家的一个阶段。为着要消灭"国家"，一定要先组织一时期的新式国家，为着要实现最彻底的民权主义（也就是无所谓民权的社会），一定要先实行无产阶级的民权。这表面上"自相矛盾"而实际上很有道理的逻辑——马克思主义所谓辩证法——使我很觉得有趣。我大致了解了这问题，就搁下了，专心去研究俄文，至少有大半年，我没有功夫去管什么主义不主义。

　　后来，莫斯科东方大学要我当翻译，才没有办法又打起精神去看那一些书。谁知越到后来就越没有功夫继续研究文学，不久就宣〔喧〕宾夺主了。

　　但是，我第一次在俄国不过两年，真正用功研究马克思主义的常识不过半年，这是随着东大课程上的需要看一些书，明天要译经济学上的那一段，今天晚上先看过一道，作为预备，其他，唯物史观、哲学等等也是如此，这绝不是有系统的研究。至于第二次我到俄国（一九二八——一九三〇），那是当着共产党的代表，每天开会，解决问题，忙个不了，更没有功夫做有系统的学术上的研究。

马克思主义的主要部分：唯物论的哲学，唯物史观——阶级斗争的理论，以及政治经济学，我都没有系统的研究过。《资本论》——我就根本没有读过，尤其对于经济学我没有兴趣。我的一点马克思主义理论的常识，差不多都是从报章杂志上的零星论文和列宁几本小册子上得来的。

可是，在一九二三年的中国，研究马克思主义以至一般社会科学的人，还少得很，因此，仅仅因此，我担任了上海大学社会学系教授之后就逐渐的偷到所谓"马克思主义的理论家"的虚名。其实，我对这些学问，的确只知道一点皮毛。当时我只是根据几本外国文的书籍传译一下，编了一些讲义。现在看起来，是十分幼稚，错误百出的东西。现在已经有许多新进的青年，许多比较有系统的研究了马克思主义的学者——而且国际的马克思主义的学术水平也提高了许多。

还有一个更重要的"误会"就是用马克思主义来研究中国的现代社会，部分是研究中国历史的发端，也不得不由我来开始尝试。五四以后的五年中间，记得只有陈独秀、戴季陶、李汉俊几个人写过几篇关乎这个问题的论文，可是都是无关重要的。我回国之后，因为已经在党内工作，虽然只有一知半解的马克思主义智识，却不由我不开始这个尝试：分析中国资本主义关系的发展程度，分析中国社会阶级分化的性质，阶级斗争的形势，阶级斗争和反帝国主义的民族解放运动的关系等等。

从一九二三年到一九二七年，我在这方面的工作，自然在全党同志的督促，实际斗争的反映，以及国际的领导之下，逐渐有相当的进步。这决不是我一个人的工作，越到后来，我的参加是越少。单就我的"成绩"而论，现在所有的马克思主义者都可明显的看见：我在当时所做的理论上的错误，共产党怎样纠正了我的错误，以及我的幼稚的理〔论〕著之中包含着怎样混杂和小资产阶级机会主义的成分。

这些机会主义的成分发展起来，就形成错误的政治路线，以致于中国共产党中央委员会不能不开除我的政治局委员，的确，到一九三〇年，我虽然在国际参加了两年的政治工作，相当得到一些新的智识，受到一些政治上的锻炼，但是，不但不进步，自己觉得反而退步了。中国的阶级斗争早已进到了更高的阶段，对于中国的社会关系和政治形势，需要更深刻更复杂的分析，更明了的判断，而我的那点知识绝对不够，而且非无产阶级的反布尔塞维克的意识就完全暴露了，当时，我逐渐觉得许多问题不但想不通，甚至想不动了。新的领导者发挥某些问题的议论之后，我会感觉到松快，觉得这样解决原是最适当不过的，我当初为什么简直想不到；但是，也有时候会觉得不了解。

此后，我勉强自己去想一切"治国平天下"的大问题的必要，已经没有了！我在十分疲劳和吐血症复发的期间，就不再去"独立思索"了。一九三一年初就开始我政治上以及政治思想上的消极时期，直到现在。从那时候起，我没有自己的政治思想。我以中央的思想为思想。①这并不是说我是一个很好的模范党员，对于中央的理论政策都完全而深刻的了解。相反的，我正是一个最坏的党员，早就值得开除的，因为我对中央的理论政策不加思索了。偶然我也有对中央政策怀疑的时候，但是，立刻就停止怀疑了，因为怀疑也是一种思索；我既然不思索了，自然也就不怀疑。

我的一知半解的马克思主义智识，曾经在当时起过一些作用——好的坏的影响都是人所共知的事情，不用我自己来判断——而到了现在，我已经在政治上死灭，不再是一个马克思主义的宣传者了。

同时要说我已经放弃了马克思主义，也是不确的。如果要同我谈起一切种种政治问题，我除开根据我那一点一知半解的马克思主义方法来推论以外，却又没有什么别的方法。事实上我这些推论又恐怕包含着许

①《逸经》本遗漏"我以中央的思想为思想"一句。

多机会主义，也就是反马克思列宁主义的观点在内，这是"亦未可知"的。因此我更不必枉然费力去思索：我的思路已经在青年时期走上了马克思主义的初步，无从改变，同时，这思路却同非马克思主义的歧路交错着，再自由任意的走去，不知会跑到什么地方去。——而最主要的是我没有气力再跑了，我根本没有精力再作政治的，社会科学的思索了。Stop。

盲动主义和立三路线

当我不得不担负中国共产党的政治领导的时候，正是中国革命进到了最巨大的转变和震荡的时代，这就是武汉时代结束之后。分析新的形势，确定新的政策，在中国民族解放运动和阶级斗争最复杂最剧烈的〔路〕线汇合分化转变的时期，这是一个非常艰难的任务。当时，许多同志和我，多多少少都做了政治上的错误，同时，更有许多以前的同志在这阶级斗争更进一步的关口，自觉的或者不自觉的离开了革命队伍，在最初，我们在党的领导之下所决定的政策一般的是正确的。武汉分共以后，我们接着就决定贺、叶的南昌暴动和两湖、广东的秋收暴动（一九二七），到十一月又决定广州暴动。这些暴动本身无〔并〕不是什么盲动主义，因为都有相当的群众基础。固然，中国的一般革命形势，从一九二七年三月底英、义〔美〕、日帝国主义者炮轰南京威胁国民党反共以后，就已经开始低落，但是接着而来的武汉政府中的奋斗、分裂……直到广州暴动的举出苏维埃旗帜，都还是革命势力方面正当的挽回局势的尝试，结果失败了——就是说没有能够把革命形势重新转变到高涨的阵容，必须另起炉灶。而我——这时期当然我应当负主要的责任——在一九二八年初，广州暴动失败之后，仍旧认为革命形势一般存在，而且继续高涨，这就〔是〕盲动主义的路线了。

原本个别的盲动现象我们和当时的中央从一九二七年十月起就表示反对的；对于有些党部不努力去领导和争取群众，反而孤注一掷或者仅仅去暗杀豪绅之类的行动，我们总是加以纠正的。可是，因为当时整个路线错误，所以不管主观上怎样了解盲动主义现象的不好，费力于枝枝节节的纠正，客观上却在领导着盲动主义的发展。

中国共产党第六次大会纠正了这个错误路线，使政策走上了正确的道路。自然，武汉时代之后，我们所得到的中国革命之中的最重要的教训，例如革命有在一省或几省首先胜利的可能和前途，反帝国主义革命最密切的和土地革命联系着等，都是六大所采纳的。苏维埃革命的方针就在六大更明确的规定下来。

但是以我个人而论，在那个时候，我的观点之中不仅有过分估量革命形势的发展以致助长盲动主义的错误，对于中国农民阶层的分析，认为富农还在革命战线之内，认为不久的将来就可以在某些大城市取得暴动的胜利等观念也已经潜伏着或者有所表示。不过，同志们都没有发觉这些观点的严重错误，还没有指出来，我自己当然更不会知道这些是错误的。直到一九二九年秋天讨论农民问题的时候，才开始暴露我在农民问题上的错误。不幸得很，当时没有更深刻更无情的揭发。……

此后，就来了立三路线的问题了。

一九二九年年底我还在莫斯科的时候，就听说立三和忠发的政策有许多不妥当的地方。同时，莫斯科中国劳动大学（前称孙中山大学）的学生中间发生非常剧烈的斗争，我向来没有知人之明，只想弥缝缓和这些内斗，觉得互相攻许〔讦〕批评的许多同志都是好的，听他们所说的事情却往往有些非常出奇，似乎都是故意夸大事实奉为"打倒"对方的理由。因此我就站在调和的立场。这使得那里的党部认为我恰好是机会主义和异己分子的庇护者，结果撤销了我的中国共产党驻莫代表的职务准备回国。自然，在回国的任务之中，最重要的是纠正立三的错误，消灭莫斯科中国同志之间的派别观念对于国内同志的影响。

但是，事实上我什么也没做到，立三的错误在那时——一九三〇年夏天——已经形成了自己的半托洛斯基的路线，派别观念也使得党内到处抑制莫斯科回国的新干部。而我回来之后召集的三中全会，以及中央的一切处置，都只是零零碎碎的纠正了立三的一些显而易见的错误，既没有指出立三的错误路线，更没有在组织上和一切计划及实际工作上保障国际路线的执行。实际上我的确没有认出立三路线和国际路线的根本不同。

老实说，立三路线是我的许多错误观念——有人说是瞿秋白主义——的逻辑的发展。立三的错误政策可以说是一种失败主义，他表面上认为中国全国的革命胜利的局面已经到来，这会推动全世界革命的成功，其实是觉的自己没有把握保持和发展苏维埃革命在几个县区的胜利，觉的革命前途不是立即向大城市发展而取得全国胜利以至全世界的胜利，就是迅速的败亡，所以要孤注一掷的拼命，这是用左倾空谈来掩盖右倾机会主义的实质。因此在组织上，在实际工作上，在土地革命的理论上，在工会运动的方针上，在青年运动和青年组织等等各种问题上……无往而不错。我在当时却辨别不出来。事后我可以说，假定六大之后，留在中国直接领导的不是立三而是我，那末，在实际上我也会走到这样的错误路线，不过不致于像立三这样鲁莽，也可以说，不会有立三那样的勇气。我当然间接的负着立三路线的责任。

于是四中全会后，就决定了开除立三的中央委员，开除我的政治局的委员。我呢，像上面已经说过的，正感谢这一开除，使我卸除了千钧担。我第二次回国是一九三〇年八月中旬，到一九三一年一月七日我就离开了中央政治领导机关，这期间只有半年不到的时间。可是这半年时间对于我几乎比五十年还长！人的精力已经完全用尽了似的，我告了长假休养医病——事实上从此脱离了政治舞台。

再想回头来干一些别的事情，例如文艺的译著等，已经觉得太迟了！从一九二〇到一九三〇整整十年我离开了"自己的家"——我所愿意干的俄国文学研究——到这时候才回来，不但田园荒芜，而且自己的力气也已经衰惫了。自然有可能还是可以干一干，"以度余年"的。可惜接着就是大病，时发时止，耗费了三年光阴。一九三四年一月，为着在上海养病的不可能，又跑到瑞金——到瑞金已是二月五日了——担任了人民委员的清闲职务。可是，既然在苏维埃中央政府担负了一部的工作，虽然不必出席党的中央会议，不必参与一切政策的最初讨论和决定，然而要完全不问政治却又办不到了，我就在敷衍塞责，厌倦着政治却又不得不略为问一问政治的状熊〔态〕中间，过了一年。

最后这四年中间，我似乎记得还做了几次政治问题上的错误。但是现在我连内容都记不清楚了，大概总是我的老机会主义发作罢了。我自己不愿意有什么和中央不同的政见。我总是立刻"放弃"这些错误的见解，其实我连想也没有仔细想，不过觉得争辨〔辩〕起〔来〕太麻烦了，既然无关紧要就算了罢。

我的政治生命其实早已结束了。

最后这四年，还能说我继续在为马克思主义奋斗，为苏维埃革命奋斗，为着党的正确路线奋斗吗？例行公事办了一些，说"奋斗"是实太恭维了。以前几年的盲动主义和立三路线的责任，却决不应当因此而减轻的，相反，在共产党的观点上来看，这个责任倒是更加重了，历史的事实是抹杀〔煞〕不了的，我愿意受历史的最公平的裁判。

一九三五·五·二十

"文人"

"一为文人便无足观"，这是清朝一个汉学家说的。的确所谓"文人"正是无所用之的人物。这并不是现代意义的文学家、作家或是文艺评论家，这是咏风弄月的"名士"，或者是……说简单些，读书的高等游民，他什么都懂得一点，可是一点没有真实的智识。正因为他对于当代学术水平以上的各种学问都有少许的常识，所以他自以为是学术界的人，可是，他对任何一种学问都没有系统的研究，真正的心得，所以他对于学术是不会有什么贡献的，对于文艺也不会有什么成就的。

自然，文人也有各种各样不同的典型，但是大都实际上是高等游民罢了。假使你是一个医生，或是工程师，化学技师……真正的作家，你自己会感觉到每天生活的价值，你能够创造或是修补一点什么，只要你愿意。就算你是一个真正的政治家罢，你可以做错误，但是也会改正错误，你可以坚持你的错误，但是也会认真的为着自己的见解去斗争，实行。只有文人就没有希望了，他往往连自己也不知道，究竟做的是什么！

"文人"是中国中世纪的残余和"遗产"——一份很坏的遗产。我相信，再过十年八年没有这一种智识〔分〕子了。

不幸，我自己不能够否认自己正是"文人"之中的一种。

固然，中国的旧书，十三经、二十四史、子书、笔记、丛书、诗词曲等，我都看过一些，但是我是抓到就看，忽然想起就看，没有什么研究的。一些科学论文，马克思主义的和非马克思主义的，我也看过一些，虽然很少。所以这些新新旧旧的书对于我，与其说是智识的来源，不如说是消闲的工具。究竟在那一种学问上，我有点真实的智识？我自己是回答不出的。

可笑得很，我做过所谓"杀人放火"的共产党的领袖（?），可是，我却是一个最懦怯的，"婆婆妈妈的"，杀一只老鼠都不会的，不敢的。

但是，真正的懦怯不在这里。首先是差不多完全没有自信力，每一个见解都是动摇的，站不稳的。总希望有一个依靠，记得布哈林初次和我谈话的时候，说过这么一句俏皮话："你怎么同三层楼的小姐〔一样〕，总那么客气，说起话来，不是'或是'，就是'也许'、'也难说'……等。"其实，这倒是真心话。可惜的是人家往往把我的坦白当作"客气"或者"狡猾"。

我向来没有为着自己的见解而奋斗的勇气，同时，也很久没有承认自己错误的勇气。当一种意见发表之后，看看没有有力的赞助，立刻就怀疑起来，但是，如果没有一个另外的意见来代替，那就只会照着这个连自己也怀疑的意见做去。看见一种不大好的现象，或是不正确的见解，却还没有人出来指摘，甚至其势凶凶〔汹汹〕的大家认为这是很好的事情，我也始终没有勇气说出自己的怀疑来。优柔寡断，随波逐流，是这种"文人"必然性格。

虽然人家看见我参加过几次大的辩论，有时候仿佛很急〔激〕烈，其实我是最怕争论的。我向来觉得对方说的话"也对"，"也有几分理由"，"站在对方的观点上他当然是对的"。我似乎很懂得孔夫子忠恕之道。所以我毕竟做了"调和派"的领袖。假使我急〔激〕烈的辩论，那么，不是认为"既然站在布尔塞维克的队伍里就不应当调和"，因此勉强着自己，就是没有抛开"体面"立刻承认错误的勇气，或者是对方的话太幼稚了，使我"箭在弦上不得不发"。

其实最理想的世界是大家不要争论，"和和气气的过日子"。

我有许多标本的"弱者的道德"——忍耐、躲避，讲和气，希望大家安静些仁慈些等等。固然从〔少〕年时候起，我就憎恶贪污、卑鄙……以至一切恶浊的社会现象，但是我从来没有想做侠客。我只愿意自己不做那些罪恶，有可能呢，去劝劝他们不要再那样做；没有可能呢，让他们去罢，他们也有他们的不得已的苦衷罢？

我的根本性格，我想，不但不足以锻炼成布尔塞维克的战士，甚至不配做一个起码的革命者。仅仅为着"体面"，所以既然卷进了这个队伍，也就没有勇气自己认识自己，而请他们把我洗刷出去。

但是我想，如果叫我做一个"戏子"——舞台上的演员，倒很会有些成绩，因为十几年我一直觉得自己一直在扮演一定的角色。扮觉〔着〕大学教授，扮着政治家，也会真正忘记自己而完全成为"剧中人"。虽然这对于我很苦，得每天盼望着散会，盼望同我谈政治的朋友走开，让我卸下戏装，还我本来面目——躺在床上去极疲乏的念着"回'家'去罢，回'家'去罢"，这的确是很苦的。然而在舞台上的时候，大致总还扮得不差，像煞有介事的。

为甚么？因为青年精力比较旺盛的时候，一点游戏和做事的兴会总有的。即使不是你自己的事，当你把他做好的时候，你也感觉到一时的愉快。譬如你有点小聪明，你会摆好几幅"七巧版〔板〕图"或者"益智图"，你当时一定觉得痛快；正像在中学校的时候，你算出几个代数难题似的，虽则你并不预备做数学家。

不过，扮演舞台上的角色究竟不是"自己的生活"，精力消耗有〔在〕这里甚至完全用尽，始终是后悔也来不及的事情。等到精力衰惫的时候，对于政治舞台，实在是十分厌倦了。

庞杂而无秩序的一些书本上的智识和累坠〔赘〕而反乎自己兴趣的政治生活，使我麻木起来，感觉生活的乏味。

本来，书生对于宇宙间的一切现象，都不会有亲切的了解。往往会把自己变成一大堆抽象名词的化身。一切都有一个"名词"，但是没有实感。譬如说，劳动者的生活，剥削，斗争精神，土地革命，政权等……一直到春花秋月，崦嵫，委蛇，一切种种名词，概念，词藻，说是会说的，等到追问你究竟是怎么一回事，就会感觉到模糊起来。

对于实际生活，总像雾里看花似的，隔着一层膜。

文人和书生大致没有任何一种具体的智识。他样样都懂得一点，其实样样都是外行。要他开口议论一些"国家大事"，在不太复杂和具体的时候，他也许会。但是，叫他修理一辆汽车，或者配一剂药方，办一个合作社，买一批货物，或者清理一本账目，再不然，叫他办好一个学校……总之，无论那一件具体而切实的事情，他都会觉得没有把握的。

例如，最近一年来，叫我办苏维埃的教育。固然，在瑞金、宁都、兴国这一带的所谓"中央苏区"，原来是文化非常落后的地方，譬如一张白纸，在刚刚着手办教育的时候，只是创办义务小学校，开办几个师范学校，这些都做了。① 但是，自己仔细想一想，对于这些小学校和师范学校，小学教育和儿童教育的特殊问题，尤其是国内战争中工农群众教育的特殊问题，都实在没有相当的智识，甚至普通常识都不够！

近年来感觉到这一切种种，很愿意"回过去再生活一遍"。

雾里看花的隔膜的感觉，使人觉得异常的苦闷、寂寞和孤独，很想仔细的亲切的尝试一下实际生活的味道。譬如"中央苏区"的土地革命已经有三四年，农民的私人日常生活究竟有了怎样的具体变化，他们究竟是怎样的感觉。我曾经去考察过一两次。一开口就没有"共同的言语"，而且自己也懒惰得很，所以终于一无所得。

可是，自然而然的，我学着比较精细地考察人物，领会一切"现象"。我近年来重新来读一些中国和西欧的文学名著，觉得有些新的印象。你从这些著作中间，可以相当亲切的了解人生和社会，了解各种不同的个性，而不是笼统的"好人"、"坏人"，或是"官僚"、"平民"、"工人"、"富农"等等。摆在你面前的是有血有肉有个性的人，虽则这些人都在一定的生产关系、一定的阶级之中。

我想，这也许是从"文人"进到真正了解文艺的初步了。

是不是太迟了呢？太迟了！

徒然抱着对文艺的爱好和怀念，起先是自己的头脑，和身体被"外物"所占领了，后来是非常的疲乏笼罩了我三四年，始终没有在文艺方

---

① 《逸经》本自"这些都做了"至"对于这些小学校和师范学校"，共遗漏26字。

面认真的用力。书是乱七八糟着〔看〕了一些，也许走进了现代文艺水平线以上的境界，不致于辨别不出趣味的高低。我曾经发表的一些文艺方面的意见，都驳杂得很，也是一知半解的。

时候过得很快。一切都荒疏了。眼高手低是这必然的结果。自己写的东西——类似于文艺的东西是不能使自己满意的，我至多不过是一个"读者"。

讲到我仅有的一点具体智识，那就只有俄国文罢。假使能够仔细而郑重的，极忠实的翻译几本俄国文学名著，在汉字方面每字每句的斟酌着，也许不会"误人子弟"的。这一个最愉快的梦想，也比在创作和评论方面再来开始求得什么成就，要实际得多。可惜，恐怕现在这个可能已经"过时"了。

告　别

一出滑稽剧就此闭幕了！

我家乡有句俗话，叫做"捉住了老鸦在树上做窠"。这窠始终是做不成的。一个平凡甚至无聊的"文人"，却要他担负几年的"政治领袖"的职务。这虽然可笑，却是事实。这期间，一切好事都不是由于他的功劳——实在是由于当时几位负责同志的实际工作，他的空谈不过是表面的点缀，甚至早就埋伏了后来的祸害。这历史的功罪，现在到了最终结算的时候了。

你们去算账罢，你们在斗争中勇猛精进着，我可以羡慕你们，祝贺你们，但是已经不能够跟随你们了。我不觉得可惜，同样我也不觉得后悔，虽然我枉费了一生心力在我所不感兴味的政治上。过去的是已经过去了，懊悔徒然增加现在的烦恼。应当清洗出队伍的，终究应当清洗出去，而且愈好〔快〕愈好，更用不着可惜。

　　我已经退出了无产阶级的革命先锋的队伍，已经停止了政治斗争，放下了武器，假使你们——共产党的同志们——能够早些听到我这里写的一切，那我想早就应当开除我的党籍。像我这样脆弱的人物，敷衍、消极、怠惰的分子，尤其重要的是空洞的承认自己错误而根本不能够转变自己的阶级意识和情绪，而且，因为"历史的偶然"，这并不是一个普通党员，而是曾经当过政治局委员的——这样的人，如何还不要开除呢！

　　现在，我已经是国民党的俘虏，再来说起这些似乎多余的了。但是，其实不是一样吗？我自由不自由，同样是不能够继续斗争的了。虽然我现在才快要结束我的生命，可是我早已结束了我的政治生活。严格的讲，不论我自由不自由，你们早就有权利认为我也是叛徒的一种。如果不幸而我没有机会告诉你们我的最坦白最真实的态度而骤然死了，那你们也许还把我当做一个共产主义的烈士。记得一九三二年讹传我死的时候，有的地方替我开了追悼会，当然还念起我的"好处"，我到苏区听到这个消息，真叫我不寒而栗，以叛徒而冒充烈士，实在太那么个了。因此，虽然我现在已经因在监狱里，虽然我现在很容易装腔作势慷慨激昂而死，可是我不敢这样做。历史是不能够，也不应当欺骗的。我骗着我一个人的身后不要紧，叫革命同志误认叛徒为烈士却是大大不应该的。所以虽然反正是一死，同样是结束我的生命，而我决不愿意冒充烈士而死。

　　永别了，亲爱的同志们！——这是我最后叫你们"同志"的一次。我是不配再叫你们"同志"的了，告诉你们：我实质上离开了你们的队伍很久了。

　　唉！历史的误会叫我这"文人"勉强在革命的政治舞台上混了好些年。我的脱离队伍，不简单的因为我要结束我的革命，结束这一出滑稽剧，也不简单的因为我的痼疾和衰惫，而是因为我始终不能够克服自己的绅士意识，我究竟不能成为无产阶级的战士。

永别了，亲爱的朋友们！七八年来，我早已感觉到万分的厌倦。这种疲乏的感觉，有时候例如一九三〇年初或是一九三四年八九月间，简直厉害到无可形容，无可忍受的地步。我当时觉着，不管全宇宙的毁灭不毁灭，不管革命还是反革命等，我只要休息，休息，休息！！好了，现在已经有了"永久休息"的机会。

我留下这几页给你们——我的最后的最坦白的老实话，永别了！判断一切的，当然是你们，而不是我。我只要休息。

一生没有什么朋友，亲爱的人是很少的几个。而且除开我的之华以外，我对你们也始终不是完全坦白的。就是对于之华，我也只露过一点口风。我始终带着假面具。我早已说过：揭穿假面具是最痛快的事情，不但对于动手去揭穿别人的痛快，就是对于被揭穿的也很痛快，尤其是自己能够揭穿。现在我丢掉了最后一层假面具。你们应当祝贺我。我去休息了，永久休息了，你们更应当祝贺我。

我时常说，感觉到十年二十年没有睡觉似的疲劳，现在可以得到永久的"伟大的"可爱的睡眠了。

从我的一生，也许可以得到一个教训：要磨炼自己，要有非常巨大的毅力，去克服一切种种"异己的"意识以至最微细的"异己的"情感，然后才能从"异己的"阶级里完全跳出来，而在无产阶级的革命队伍里站稳自己的脚步。否则，不免是"捉住了老鸦在树上做窠"，不免是一出滑稽剧。

我这滑稽剧是要闭幕了。

我留恋什么？我最亲爱的人，我曾经依傍着她度过了这十年的生命。是的，我不能没有依傍。不但在政治生活里，我其实从没有做过一切斗争的先锋，每次总要先找着某种依傍。不但如此，就是在私生活里，我也没有"生存竞争"的勇气，我不会组织自己的生活，我不会做极简单极平常的琐事。我一直是依傍着我的亲人，我唯一的亲人。我如何不留恋？我只觉得十分的难受，因为我许多次对不起我这个亲人，尤其是我的精神上的懦怯，使我对于她也终究没有彻底的坦白，但愿她从此厌恶我，忘记我，使我心安罢。

我还留恋什么？这美丽世界的欣欣向荣的儿童，"我的"女儿，以及一切幸福的孩子们。我替他们祝福。

这世界对于我仍然是非常美丽。一切新的，斗争的，勇敢的都在前进。那么好的花朵，果子，那么清秀的山和水，那么雄伟的工厂和烟囱，月亮的光似乎也比从前更光明了。

但是，永别了，美丽的世界！

一生的精力已经用尽。剩下的一个躯壳。

如果我还有可能支配我的躯壳，我愿意把它给医学校的解剖宣〔室〕。听说中国的医学校和医院的实习室很缺乏这种科学实验用具。而且我是多年的肺结核者（从一九一九年到现在），时好时坏，也曾经到〔照〕过几次 X 光的照片，一九三一年春的那一次，我看见我的肺部有许多瘢痕，可是医生也说不出精确的判断。假定先照过一张，然后把这躯壳解剖开来，对着照片研究肺部的状态那一定可以发见一些什么。这对于肺结核的诊断也许有些帮助。虽然，我对医学是完全外行。这话说得或许是很可笑的。

总之，滑稽剧始终是闭幕了。舞台上空空洞洞的。有什么留恋也是枉然的了。好在得到的是"伟大的"休息。至于躯壳，也许不由我自己作主了。

告别了，这世界的一切。

最后……

俄国高尔基的《四十年》、《克里摩·萨摩京的生活》，屠格涅夫的

《鲁定》，托尔斯泰的《安娜·卡里宁娜》，① 中国鲁迅的《阿 Q 正传》，茅盾的《动摇》，曹雪芹的《红楼梦》，都很可以再读一读。

中国的豆腐也是很好吃的东西，世界第一。

永别了！

一九三五·五·二二

记忆中的日期

——附录②

一八九九年（一月二十九日）——光绪二十四年（十二月十八）	生于常州
一九〇二	入私塾
一九〇五	入常州冠英小学
一九〇八冬	初等小学毕业
一九〇九春	入常州中学
一九一五夏	因贫辍学
一九一六二月	母亲死
二月	赴无锡南郊某小学任校长
	是年父亲赴济南，弟妹分散

---

①《四十年》《克里摩·萨摩京的生活》，今译《克里姆·萨姆金的一生》，副标题为《四十年》；《鲁定》，今译《罗亭》；《安娜·卡里宁娜》，今译《安娜·卡列尼娜》。

②"附录"的"记忆中的日期"有不准确之处，这里都不一一注明。《逸经》本没有刊登这个"附录"。

八月	辞无锡教职返常州
十二月	抵汉口考武昌外国语专修学校
一九一七四月	在北京应普通文官考试未取
九月	入俄文专修馆
一九一九一月	与耿济之、瞿世英等组织《新社会》杂志
五月	任俄专学生会代表
一九二〇八月	应北京《晨报》聘起程赴俄任通信员
一九二一一月	方抵莫斯科
五月	张太雷抵莫介绍入共产党
九月	任东大翻译，始正式入党
一九二三一月底	返国抵北平
七月	参加共产党第三次全国大会
九月	返沪任上海大学教职
	是年加入国民党
一九二四一月	与王剑虹结婚
一月	赴粤参加国民党第一次代表大会
七月	剑虹死，赴粤
十一月七日	与杨之华结婚于沪
一九二五一月	参加共产党第四次大会，被举为中委
一九二七二月	写批评彭述之的小册子
三月	赴武汉
四月	参加共产党第五次大会，仍任中委
七月	（宣言退出国民党）赴庐山
八月七日	参加"八七"紧急会议后实际主持政治局

一九二八四月三十日　　　离沪出国

　　　　六月　　　　　参加共产党六次大会，仍任中委，留莫为中
　　　　　　　　　　　国共产党代表

一九三〇六月　　　　　撤销驻莫代表职

　　　　七月　　　　　起程返国，仍在政治局工作

　　　　九月　　　　　参加共产党三中全会

一九三一一月七日　　　参加共产党四中全会，被开除政治局委员之
　　　　　　　　　　　职，请病假

一九三二秋　　　　　　病危几死

一九三四二月五日　　　抵瑞金任教育人民委员

一九三五二月十一日　　离瑞金

　　　　二月二十三　　抵福建汀州之水口被钟绍葵团俘

　　　　　　二十六　　入上杭县监

　　　　五月九日　　　解到汀州三十六师师部

《多余的话》与瞿秋白的心路历程

陈铁健

1935 年 2 月 24 日，瞿秋白（1899—1935 年）在福建上杭被俘。在瞿秋白身份被认明后，国民党军统特务机关即电令其在闽西的部属协助蒋军第三十六师军法处审讯并诱迫瞿秋白投降，未遂。6 月上旬，中统派人多次劝降，也遭失败。6 月 18 日，瞿秋白在长汀从容就义。5 月 17 日至 22 日，瞿秋白写《多余的话》。70 多年来，人们对《多余的话》的认知感悟的过程，折射了政治与心灵的纠缠，某些伦理与人性理念的冲突。事实上，《多余的话》是一篇探索瞿秋白及其同时代人心路历程的重要文献，也是据以考察中共历史断面的一份特殊文件。

一、《多余的话》确为瞿秋白所写

《多余的话》问世，最早于 1935 年八九月间由中统特务机关创办的上海《社会新闻》杂志，公开节载三章。一年半后，1937 年 3 月 5 日至 4 月 5 日出版的上海《逸经》半月刊，全文发表《多余的话》。但是，从上世纪 30 年代到 70 年代，约 40 年间，中国共产党人和左翼文化人包括瞿秋白亲属，大都说它是"伪作"，至少是被"篡改"过的。其实，

"伪作"或"篡改"说，都站不住脚。瞿秋白就义后九天，6 月 27 日，三十六师师长宋希濂密电国民党军驻闽绥靖公署主任蒋鼎文：

> 绥靖主任蒋：有未法电敬悉。靖密。瞿匪秋白临刑前及枪决后之照各两张，及在杭之自供一份，呈报一份，在汀之口供一份，自供一份，《多余的话》一份，《苏维埃组织概要》一份，及未成稿之目录一份，已遵于感日密封邮呈，乞察核为祷。
>
> 职宋希濂叩。感申印。

李默庵（蒋军第十师师长，兼驻闽绥署龙岩绥靖区司令官）、向贤矩（三十六师参谋长）、李克长（《福建民报》记者）都看过《多余的话》原稿或抄件。1964 年，周恩来当面对毛泽东、陆定一说，他看过《多余的话》真迹。瞿秋白生前的学生和挚友丁玲，坚信《多余的话》为瞿秋白所写："那些语言，那种心情，我是多么地熟悉啊！""非常同情他，非常理解他，尊重他那时的坦荡胸怀。"而在那个不健全的社会里，他的坦率和真诚"是一般人不易理解的，而且会被某些思想简单的人、浅薄的人据为话柄，发生误解或曲解"。丁玲这些话，不幸而言中。

《多余的话》的思想情感和语言风格，与瞿秋白入狱前和狱中所写诗词、散文、书信、笔供相比较，都契合相通，具有承接关系。经众多学者多方考辨证明，《多余的话》确具原真性而没有被篡改。宋希濂不止一次说，瞿秋白讲的那些事，我们这些人都不知道，不懂得。别人谁也写不出来，实事求是地说，是没有改过。宋希濂此语真实。就三十六师大小军官以及中统特工的文化层次和政治头脑，没有人能达到"篡改"瞿秋白文字的水平，更不要说可能理解《多余的话》中那种凄清伤感、坦荡真率的深意，以及一个书生革命者的清正本色。

二、"求生"说是荒谬的

瞿秋白何以写《多余的话》？社会上对其写作动机有种种判断和揣测。

最早来自中统《社会新闻》编者按语，说《多余的话》"颠倒黑白"、"狡猾恶毒"，表明瞿秋白"至死不变"，宣传中共思想，与国民党为敌。国民党中也有人认为，瞿秋白借写《多余的话》求生。但是对于这种揣度，连录寄《多余的话》文稿的国民党军政人员杨幸之（雪华）也不赞成："我觉得像瞿秋白这样经历沧桑的人，到了如此地步，对死生还不能参透，是不会有的事，我们不应从这方面去误解他。"

"文革"前夕与"文革"中，"变节自首"、"叛徒自白"的谬说，导致了席卷全国的"讨瞿"行动。"文革"后，"自首"、"叛徒"说被否定。随即又有"希望人们了解"和"坦然无私地自我审判"说，"检讨"和"悔过"说，"总结教训"说，"揭露王明路线"说，都各有可取之处。而重复"文革"的"求生"说，或者变相的"求生自赎"说，则完全是荒谬的。

"求生"说认为，瞿秋白写《多余的话》是对敌人有所"求"的，其根据是《多余的话》中一个"假定"："假定我还保存这多余的生命若干时候，我只有拒绝用脑的一个方法，我只做些不用自出心裁的文字工作，'以度余年'。"这一"假定"是什么意思？故作解人者以为这是"动摇"或"乞降"，"让步，赢得个人自由或至少赢得生存"；其他研究者则往往绕过这个难解的问题。

瞿秋白"拒绝用脑"的说法，情绪固然不无消极，但并非纯粹消极的行动。《多余的话》写作就是"用脑"，就是"自出心裁"的，哪里是"拒绝用脑"呢？在确认敌人要杀害他的时间之前，他虽然自度必死，并已作出面临"生命的尽期"、"绝灭的前夜"的判断，随时准备就义。但作为一个习惯于从多方面考虑问题的人，也会想到国民党不会立即杀害他，而继续监禁"若干时候"。如果这样，他将做什么呢？在《多余的话》写完六天后，1935 年 5 月 28 日，瞿秋白在写给郭沫若的信中说到翻译俄国文学作品的"心愿"："只有俄国文还有相当的把握，而我到如今没有译过一部好好的文学书……这个心愿，恐怕没有可能实现了。"《多余的话》里所说"只做些不用自出心裁的文字工作"，也主要是表示翻译俄国文学的"心愿"。

这一"假定"和"心愿"，不应予以责备。瞿秋白自五四运动前后即热爱俄国文学，并有译作问世。此后虽投身政治活动，仍不忘翻译俄国文学。1929 年，莫斯科大学发生派别纠纷，身为驻共产国际中共代表团团长的瞿秋白萌生退意，写信请求中共中央撤销他的职务，专门做翻译工作。1931 年四中全会瞿秋白被开除出中央政治局，米夫找瞿谈话，要他从事"非独立的""政治性工作"。瞿秋白当即拒绝，表示他"更乐意从事翻译"。在信仰、立场、观点不变的前提下，希望实现翻译俄国文学的"心愿"，即在特殊情况下可能做的有意义的工作。只要不是向敌人乞活，只要不投降，考虑到继续生存下去的可能性，这是人之常情。反之，"趁早结束生命"的想法，却是更带消极成分。

总之，《多余的话》是一部复杂深刻而又隐晦的作品，它的写作动机是一个多层面的复合系统，不能从某一方面简单加以解析；应该联系作者人生经历及其所处时代背景等，进行全面的考察。

三、多层面的心忧之言

《多余的话》具有严整的统序。卷头引语和《代序》章，讲写作动因和执笔心境，用"心忧"和"内心的真相"总述要旨。所述"最后的最坦白的话"，是多层面的心忧之言。即"心上有不能自已的冲动和需要"，心忧革命的受挫、心忧党内存在多种问题等，从而留下了宝贵的遗言。第二篇至六篇即《"历史的误会"》《脆弱的二元人物》《我和马克思主义》《盲动主义和立三路线》《"文人"》，分别从政治生涯中的心程、意识矛盾、理论"思路"、决策问题、文化素质和心理等方面展开，自述和自评中蕴含着对于历史和现实许多重大问题的深刻见解，表现了作者的深邃心灵。最后的《告别》是全文结语，在永别的祝愿和忠告之中，从历史与现实引向未来。

《多余的话》是瞿秋白在那种不正常的国际、国内、党内斗争的政治背景下精神生活作负向运动的结果。他曾几度遭受残酷无情的斗争，顺人不失己，外服内不服，力求保持人格的独立，个性的自由。面对暴虐不公，他责问的是自己。这种外曲内直的精神状态，使对自己过分认真而又需要应付外力压迫的瞿秋白，活得很苦。《多余的话》写于狱中，最后要被敌人拿去看，但从全文内容、语气、情感看，特别是从《代序》和《告别》看，既是为他的心灵而写，也是为他的亲人和战友而写。饱经沧桑，心纳万境，身陷囹圄，时间仓促，因而笔墨高度浓缩。写法简括婉曲，情感与哲理相融，语言表述文学化，含蓄幽隐，言近意远。一些热话冷说、正话反说的话，容易使人产生误解，敌人也会歪曲某些文字进行反共宣传。瞿秋白对此应能料到，故而在卷头置引语："知我者，谓我心忧；不知我者，谓我何求。"事情恰如所料，这篇遗文的"知我者"读者中，有的人也许真的没有读懂，有的人则故作不懂，甚至出于某种政治需要加以曲解。

瞿秋白的人生悲剧，尤其是心灵悲情，带有他的性格特征：执着，正直，真诚，具有创造性，又不免书生的天真，偏激，忧郁和脆弱。从《多余的话》中既能看到他心灵的消沉、困惑、无奈和悲观，也会看到其中隐含的坚定、乐观、积极、反思的诗人兼哲人的气质和风度，革命家兼文学家在生命最后时刻同时闪光、统一发展而达致的境界。那是他生命交响曲中人的至性真情的最终张扬。

四、沉重而深刻的思考

《多余的话》中隐含的二元结构，与瞿秋白自谓的"二元人物"完全契合：一个是作为文弱书生的瞿秋白，一个是作为忠贞烈士的瞿秋白，矛盾着冲突着，胶着融合成为一个真实的二元的瞿秋白。他的二元人生观，表现为"出世"和"救世"。少年时代的"厌世"、"避世"，躲避现实，远离政治，谓之"出世"。试图以文化救国，参加五四运动，接受社会主义，远赴苏俄"辟一条光明的路"，是为"救世"。参加中国共产党后经历多次党内斗争，备受摧残，身心俱伤。继陈独秀成为斯大林指挥中国大革命失败的第一个替罪羊之后，瞿秋白则因执行莫斯科的盲动路线而成为斯大林的第二个替罪羊。他先是被解除中共驻共产国际代表团团长职务，继而奉命纠正"立三路线"后竟被冠以"调和主义"、"两面派"，逐出中央政治局。当他与鲁迅从事左翼文学运动取得辉煌成绩时，又被"左"倾分子打成"阶级敌人在党内的应声虫"，驱赶到中央苏区担任一个闲职。而当中央红军大撤退时，他竟被"左"倾分子当作包袱甩在即将沦陷的绝地，卒被国民党军俘获。在斯大林和"左"倾分子那里，作为无产阶级先锋队的"党性"，已被变成"左"倾分子用以排斥党内马克思主义者的帮派性，而专政和暴力则被用来对持不同意见者进行"残酷斗争，无情打击"的手段。只要稍微知道一点刘少奇同志在批判王明"左"倾路线错误时所揭露的"党内斗争的黑幕"（刘少奇语），我们就不难明白瞿秋白对"生命没有寄托"、"中年以后的衰退"、"十足的市侩"等哀叹的深意。摆脱了党内斗争对一个书生革命者的性格扭曲，他又回到那种正直知识分子的良知立场。《多余的话》不免低沉情绪的旋流，却比作者在他热情激扬和政治活动巅峰期的思想更深刻，真正成就了一位没有伪饰的共产党人和文化精英的瞿秋白。

《多余的话》来自一个书生革命者的自觉，以一种独特的方式向我们表明，瞿秋白的最后遭遇及其遗文，是一个坦诚的共产主义者最后对于如何确切弄清共产主义并寻找实现共产主义的正确途径提出的一种呼吁，而这种呼吁对于全体共产党人显然并不是"多余"的。瞿秋白所置身的情境，使他面对邪恶时不能明白宣布他的抗争，而只能以一种深意的曲笔，将他对自己曾有过的追求以及对这种追求的失落、扭曲的思索和抗议隐晦地留给了后人。半个多世纪里，许多人没有读懂它。但是历史进程给了后人更多的教训和智慧后，我们终于明白了。

历史已经对瞿秋白作出了结论，但对《多余的话》的不解和争议也许还会延续。对于成全一个光彩照人的英雄来说，《多余的话》不免"多余"；然而对于心灵探究，它永远言而未尽，绝非多余。当人们以真诚的同情和理解面对它时，就会感到悲慨万端的沉重，而每一细读总会体味其新的意蕴。

《多余的话》或许在一般人心中不能为烈士的形象增添光环，却成就了一位真诚丰富的心灵和深挚感人的人格形象，也启迪和引导后人面对那令他至死心忧的一切，继续他那过于沉重的思考。

（本文写作中参考了刘福勤《心忧书》，上海社会科学院出版社 1989 年版；吴小龙《悲剧·人格·思考—〈多余的话〉究竟要说什么》，《随笔》2002 年第 4 期；《书生革命家的悲剧情怀——我看瞿秋白》，《东方》1996 年第 4 期；吴江《中国知识分子的特点和境遇》，《社会主义前途与马克思主义的命运》，中国社会科学出版社 2001 年版。）

周海滨按：陈铁健，中国社会科学院近代史研究所研究员、博士生导师。著有《瞿秋白传》、《蒋介石与中国文化》（合著）、《绿竹水南集》《〈多余的话〉导读》等。

瞿秋白的身后命运

雷 颐

《文史参考》2010 年第 8 期发表了瞿秋白女儿瞿独伊的口述回忆《九泉之下仍遭受莫大凌辱》。在这篇文章中，她披露了一些瞿秋白被害、家属后来遭遇等以往人们知之不详的细节，颇有意义。不过，她说"'四人帮'为了改写整部党史，不顾事实，硬把我父亲打成'叛徒'，使父亲的英魂在九泉之下遭受莫大凌辱"却不甚准确。因为，"瞿秋白冤案"的"起源"，或说认定他是"叛徒"至少是在 1964 年底，此时"文革"尚未开始，"四人帮"远未形成。也正因为主要并非"四人帮"为瞿"定性"，所以瞿秋白的平反过程才非常曲折艰难，瞿独伊在《文史参考》2010 年第 9 期发表的《瞿秋白是如何平反的》一文，对平反过程的曲折艰难有详细叙述，但对为何如此曲折艰难的原因则语焉不详。只有了解瞿秋白冤案的起因，才能明白为何为他平反如此曲折艰难。

对于"瞿案"，"文革"后参与复查、平反工作的中纪委研究室副主任孙克悠，中国社会科学院近代史所研究人员陈铁健，都有回忆文章公开发表。笔者谨以这些文章为基础，对"瞿秋白冤案"的起源与平反略作概述。由于事情重大，而且孙、陈的文章早就公开了许多珍贵的第一手史料却未引起应有的重视，故笔者将在多处直接引用这些资料，一为慎重，二为使这些珍贵史料为更多人所知。

为瞿秋白平反，陈铁健重评《多余的话》

1979 年 3 月，《历史研究》第三期发表了中国社会科学院近代史所学者陈铁健的《重评〈多余的话〉》一文，公开为瞿秋白平反。此文一出，引起轰动，因为此时虽然中共十一届三中全会召开不久，一些冤案开始平反、昭雪，但刘少奇案、瞿秋白案等一些"格外重大"的案件尚未平反。所以，有人在报刊上著文对此文进行"大批判"，东北一家省报，用整版刊出批瞿长文。这些"文章"，仍坚持"文革"时的"钦定"标准，口气严厉。陈要求著文反驳，却被拒绝。1979 年 6 月，他到福建才溪参加学术讨论会，主持者执意要他在全体会上讲瞿秋白，然后对他进行事先准备好的"围攻"。

但就在被"围攻"两天之后，中国社会科学院近代史所转来中共中央纪律检查委员会的通知，要陈铁健即日赶赴上海，与瞿秋白案复查组人员会合，参加复查工作，这时会议的"论调"突然一变。7 月 1 日，陈赶到上海，住东湖招待所，见到中纪委瞿秋白案复查组负责人、时任中纪委研究室副主任的孙克悠，她向陈详细介绍了情况。

瞿秋白的亲人在粉碎"四人帮"后多次给中央写信要求为瞿恢复名誉。中纪委在 1979 年春成立了"第八组"，准备复查瞿秋白案。瞿的胞妹、此时已 79 岁的瞿轶群从居住地杭州写信给任中纪委第一书记的陈云，再次要求为瞿秋白恢复名誉，并要求修复"文革"中被砸的瞿母金太夫人之墓。"陈云同志于 1979 年 5 月 20 日对此信批示：'耀邦同志：此信请你阅批。'同年 5 月 22 日耀邦同志在此信上批示：'瞿秋白同志要在明年给他一个公正的评价，请现在就搞材料。此信中的要求合理解决。请陈野苹同志办。'陈野苹同志于同年 5 月 29 日对该件批示：'请鹤寿同志阅后再转中纪委第八组。'"（孙克悠：《关于瞿秋白同志被捕就义问题复查工作的回忆片断》，瞿秋白纪念馆编：《瞿秋白研究》三，学林出版社 1991 年版，第 292 页）陈野苹时任中共中央组织部常务副部长。这样，中纪委临时机构"第八组"就于 1979 年 6 月开始瞿案复查工作。"第八组"由五人组成，先已借调了中央调查部常凡、中央党校李玲玉参加工作，中纪委则由孙克悠和军队团政委出身的老王参加，孙读过陈铁健的《重评〈多余的话〉》，于是要求陈也参加。孙任"第八组"组长，具体负责此案复查工作，中纪委常委曹瑛则代表中纪委常委分管此事。

6 月 18 日，中纪委书记王鹤寿、秘书长魏文伯首次约见了瞿秋白的女儿瞿独伊，希望她相信党中央会作出正确结论。

谁叛变了？ 两篇文章引爆"瞿案"

"中纪委第八组"在上海、杭州、南京、常州开始了紧张的调查工作，与瞿的多位亲人见面访谈，访问知情者，举行座谈会……

他们了解到，瞿秋白 1935 年 6 月被国民党杀害后一直被视为烈士，所以他的家乡江苏常州从 1953 年开始筹建瞿秋白烈士纪念陈列展览，于 1959 年开始陈列展出；而后，又准备瞿秋白故居陈列展。"1964 年，瞿秋白故居陈列展开始接纳内部参观。不久，江苏省委宣传部长在南京传达毛泽东对李秀成自述和瞿秋白《多余的话》的批评，瞿秋白陈列于 8 月停办。"（陈铁健：《导读：书生革命者的悲剧情怀》，瞿秋白：《多余的话》，贵州教育出版社 2005 年版，第 27 页）原来，有两件事成为"瞿案"的导火索：一、1962 年香港自联出版社出版的司马璐写的《瞿秋白传》，书后附录《多余的话》全文。二、1963 年，《历史研究》第四期发表了戚本禹的《评李秀成自述》，斥李秀成为叛徒。戚文刊出后，学术界和文艺界反应强烈。意见反映到国务院，在周恩来总理过问下，中共中央宣传部约集二十多位历史学家开会，讨论此文，与会者严厉批评此文歪曲历史。中宣部表示赞同与会者的观点，认为戚文在事实上站不住脚，理论上是错误的，政治上是有害的。

然而，1962 年后重提"阶级斗争"的最高层"先后在《瞿秋白传》附录上看到瞿秋白的《多余的话》，在《历史研究》上看到戚本禹的《评李秀成自述》，并且急切地把两者与他想要解决的'党内叛徒问题'紧密联系起来，做出异乎寻常的重大政治判断"（上引书第 23 页）。以下三条重要材料，说明此点。

一、周扬 1979 年 8 月 28 日在万寿路住所对中纪委第八组谈话时说：

> 戚本禹评李秀成的文章（指《评李秀成自述》一文）发表当时，我不知道，没有看。有一天看戏，总理问我看过戚的文章没有，我说还没有。总理说你要看看，过问一下。现在台湾也在反对太平天国，这么样一个历史人物翻案，怎么也不和中宣部打个招呼？弄得阳翰笙的戏（指《李秀成之死》，写李秀成征战，太平天国灭亡）也不演了，博物馆也停了（英国送来一把剑，刻有李秀成的名字，文章一发表引起全国反响，剑也收起来了）。

> 我看过戚文后，在中宣部召开一个会，意思是戏还要演，文章也作为学术讨论，大家发表意见。范文澜、郭老、刘大年都对戚文有不同意见。刘大年根据我的意见写了一篇文章，尚未发表。"文化大革命"就批判刘大年、周扬为叛徒李秀成辩护……

> 我问陈伯达，对李秀成怎么看。他说李秀成还不是为了保他部下那些人。陈是为李辩护的。陈伯达又说，瞿秋白不是也写过一个自述吗？陈说是黄敬告他的，因为黄敬被捕后也写过这种东西。

我见到江青，向她说起黄敬说瞿秋白写过自述的事。江青说：什么自述，他（黄敬）根本就是自首分子，所以我才和他离开的。

我见到了（毛）主席时，把对李秀成有不同看法向主席汇报了，主席一言不发。

以后江青见到我，说：主席认为李秀成是"白纸黑字，铁证如山，忠王不忠（晚节不忠?），不足为训"！主席关照不要告你，但我还是告你了。

我又见主席时，主席第一次对我那么生气地批评了我（他从来总是表扬我，没有批评过）。他说：范文澜、郭老，还有你，你们都为李秀成辩护。你这个人没办法，你是大地主阶级出身，本性难改……我当时听了很难受。总理在一旁承担责任说他有错误（因为是总理要我过问的）。我说还是我的责任。这时主席也提到了瞿秋白。我问主席看《多余的话》没有，主席说：看不下去，无非是向敌人告饶，自首叛变。为什么不宣传陈玉成而宣传李秀成？为什么不宣传方志敏而宣传瞿秋白？

江青不同意罗尔纲的观点（罗认为李秀成是伪降），她会经常向主席讲的。

周海滨按：以上引文，见陈铁健：《导读：书生革命者的悲剧情怀》，载《多余的话》，贵州教育出版社 2005 年版，第 23—24 页。

二、陆定一 1979 年 4 月 16 日在北京医院对中纪委第八组等谈话时说：

1964 年，香港的国民党杂志，又把《多余的话》登出来了。有一次在人民大会堂北京厅，有毛主席，有总理，还有我，三个人，怎么谈起的我不记得了。我向他们报告说瞿秋白的《多余的话》在香港那里又登出来了。毛主席就要看，我就拿给他了，请他看。……后来，毛主席看了以后，就对我讲，就是以后少纪念瞿秋白，多纪念方志敏……他的话是那么讲的，此外就没有多的话了。周总理想把《多余的话》的原稿找到，据我所知，没有找到。"文化大革命"开始的时候，1966年总理派了两个人来问过我瞿秋白的事情，我就把以上情况再一次报告了他。

周海滨按：以上引文，见陈铁健：《导读：书生革命者的悲剧情怀》，载《多余的话》，贵州教育出版社2005年版，第24—25页。

三、戚本禹1979年6月12日在秦城监狱的交代材料：

三年困难时期，有一股很大的为彭德怀翻案的力量。我给总理写信说：彭德怀反对毛主席是错误的。总理告诉我，他把我的信在政治局传阅了。这时有人提出彭德怀有功，军事上行，演出《李秀成之死》是为彭德怀翻案的。我认为这是攻击主席，我应起来作战。1963年，我写了《评李秀成自述》。写的目的是说对人的评价应看到功劳，也要看到晚节，晚年反对毛主席也不行。这是决定我对《海瑞罢官》的态度。我投入"文化大革命"，犯错误，都不是偶然的，是有历史根源的。我的文章发表后，全国都知道，斗争是尖锐的。当时周扬批评我，他骂我很厉害，翦伯赞也反对我。这时我与江青就有接触了，她批了一个材料给我，我也不知道她是赞成我，还是反对我。那时我跟田家英很好，田也支持我的文章。江青叫我去，田家英说你要去，她是中南海的首长。我去了，江一开口就说你给党做了重要的事情，毛主席表扬了你，他很满意你写的文章，你可别骄傲。又说主席叫把《李秀成自述》原文影印本给你，叫你继续作战。我说现在还开会围攻我，她听了大发其火，说她给主席汇报。这次接见是决定我以后跟她跑的原因。在我困难时，她代表主席支持我。她叫我再写文章，要快写。这是1963年底的事。

周海滨按：以上引文，见陈铁健：《导读：书生革命者的悲剧情怀》，载《多余的话》，贵州教育出版社2005年版，第25—26页。

看到戚本禹这篇交代材料，陈铁健和中纪委八组同事们感到有些事情要进一步查清，于1979年秋到秦城监狱提审戚本禹，问他写《评李秀成自述》是否涉及瞿秋白。戚回答说："1963年他写批判李秀成文章，开初只是认为中国'防修反修'可从近代史上找到同类例证，影射彭德怀晚年反毛也是'晚节不终'。""1963年底，江青找他谈话，说是你给党做了重要的事情，主席表扬你，很满意你写的文章。主席认为党内叛徒问题长期未能解决，你的文章提出这个问题，为党立了一功。你可别骄傲，要继续写。可以请教康生的'九评'（指与苏共论战的九篇评论文章）写作班子。戚写完第二篇文章，到钓鱼台找康生。在饭桌上，康生等要戚不必跟着批评者的观点跑，而要高屋建瓴，抓住要害予以反击，务使对手无还手之力，如此，才能置对手于死地。1964年，戚本禹的第二篇文章《怎样对待李秀成的投降变节行为？》（《历史研究》1964年第4期）发表，明确提出叛徒问题，从李秀成、汪精卫到彭德怀，从伯恩斯坦、考茨基到赫鲁晓夫，大批特批，其势汹汹，在全国引起更大震动。"（上引书第26页）

"瞿案"复查中，最主要的一项工作就是认真、仔细查阅从公安部调来的关于瞿秋白被害案审查卷宗，共二十卷，约三尺厚。公安部关于瞿秋白被害问题的调查，是1954年初根据湖南省公安厅上报的两名参与杀害瞿秋白案犯的有关口供材料，按照公安部长罗瑞卿的指示，责成湖南省公安厅追查的；同年10月，由公安部十三局组织专门力量查办。"经过十年的严密调查侦审，于1964年10月19日完成《瞿秋白烈士被害问题调查报告》。证据确凿，事实清楚，中央决策者完全可以据此做出瞿秋白在狱中对敌斗争坚决、从容就义的结论。而这时正是常州瞿秋白故居陈列展被下令停办之后两个月。又过两个月，1964 年 12 月 30 日，北京的军事博物馆、历史博物馆依据中宣部向陆定一、康生和中央的报告，'将陈列中出现瞿秋白、项英、博古、谭政、甘泗淇、袁国平、彭雪枫、陈光等人的名字和形象文物'完全除掉。历史事件的真伪，历史人物的沉浮，就这样被某些人为了某种目的，翻手为云，覆手为雨，颠倒于股掌之中了。"（上引书第 28 页）附提一句，项、博早就明确犯有"路线错误"，将他们"除名"不足为怪，谭、甘、袁、彭、陈不知当时被扣上什么"帽子"，后又怎样平反，倘知情者能详述其情、披露真相，是对历史负责，也是对蒙冤者在天之灵的安慰。

以打倒刘少奇为主要目的的"文革"开始，批瞿亦随之公开。瞿母金衡玉 1916 年因贫债交逼自杀，葬于常州，1967 年 1 月 19 日，其墓被红卫兵砸毁。1967 年 2 月 8 日，八宝山革命烈士公墓瞿秋白墓上像被红卫兵砸毁。1967 年 5 月 12 日，瞿秋白墓被红卫兵砸毁。瞿父瞿世玮 1932 年在济南贫病交加中去世，葬于济南南郊，"文革"中也被红卫兵砸墓平坟。而且，"1972 年中发 12 号文件称：'瞿秋白在狱中写了《多余的话》，自首叛变了'"（孙克悠：《关于瞿秋白同志被捕就义问题复查工作的回忆片断》，第 293 页）。正是这个重要文件，给瞿秋白平反造成巨大障碍。

根据这些材料，陈铁健认为："刘少奇的'叛徒、内奸、工贼'三顶帽子，公开判定于 1968 年的八届十二中全会，而其张网以待的秘密部署应不晚于 1962—1963 年间。"因为"大跃进"导致数千万人饿死，"面对灾难，毛泽东和刘少奇对中央的指导方针和一系列政策举措正误的估量，存在着巨大差距。毛泽东始终认为是'九个指头和一个指头'，即正确占足九成，错误微不足道。刘少奇则认为是'三分天灾，七分人祸'"。特别是1962年召开的党内"七千人大会"，使毛极为不满（上引书第22、21页）。将瞿打成"叛徒"是毛泽东准备"倒刘"的一个铺垫，姑且不论陈铁健的这一分析是否准确，但瞿秋白冤案至少起源于"四人帮"还未登上历史舞台的1964年底，则确凿无疑。

周海滨按：关于"大跃进"和"七千人大会"，陈铁健的具体行文是："二十世纪六十年代初毛泽东的'跑步进入共产主义'的'大跃进'的道路，已被实践证明是一条失败遭殃之路。到1961年底，中国人在总路线、大跃进、公社化三面红旗的狂风骤雨中，已经饿饭三年。人为导致而非自然灾害造成的全国大饥荒，已经夺去了数千万人的生命。……数千万人饿死，招致'七千人大会'的严厉批评和问责，更使毛泽东无法容忍。"陈铁健：《导读：书生革命者的悲剧情怀》，载《多余的话》，贵州教育出版社2005年版，第21页。

"12号文件"，瞿秋白的平反为何曲折艰难？

经过大量调查研究，"瞿秋白问题复查组"在1979年底起草了为瞿秋白平反的文件，准备提交给中共十一届五中全会讨论。1980年1月7日至25日，中共中央纪律检查委员会第二次全体会议在北京举行。中纪委第三书记胡耀邦主持会议。会议修改和充实了即将提交中共中央通过的包括《关于刘少奇、瞿秋白同志的复查平反报告》等一系列文件。2月23日至29日，中共十一届五中全会在北京举行，但遗憾的是这次全会只通过了为刘少奇平反昭雪的文件，而为瞿秋白平反的文件则未被大会采纳，所以五中全会没有讨论也没有通过有关瞿秋白的平反文件。对此，瞿独伊难以理解、接受，她回忆说："我打电话给当时的中宣部长王任重，问为什么父亲的平反问题在五中全会上没有讨论，是不是因为毛主席定的12号文件（文件中说瞿秋白自首叛变了）不好改，他回

答是这样。当时'两个凡是'还起一定作用。"（《瞿秋白是如何平反的》）

　　对这个至关重要的"12号文件"，如前所引，孙克悠说是"1972年中发12号文件称：'瞿秋白在狱中写了《多余的话》，自首叛变了'"。瞿独伊也说："毛主席定的12号文件（文件中说瞿秋白自首叛变了）。"按此理解，是这个"12号文件"说瞿秋白是叛徒，得到毛泽东的首肯。但事实却是毛泽东先说瞿秋白是叛徒，由"12号文件"将毛泽东的话以"中共中央文件"的形式正式向"全党全军全国人民进行传达"。这个"中共中央中发［1972］12号"文件，是"文革"中影响最大、传达范围最广、学习时间最长的文件之一。这个文件题为《转发<毛主席在外地巡视期间同沿途各地负责同志的谈话纪要>的通知》，转发了毛泽东在1971年8月中旬至9月12日到外地巡视期间同沿途各地负责人的多次谈话。正是"林彪系"人员将这些谈话向林汇报，触发了震惊世界的"九一三"事件。1972年的中央"12号文件"转发了这些谈话，作为"批林"的重要材料，当时，确实做到了传达到每一个机关、车间、营房、田头、教室。毛泽东的谈话内容几乎都是"党的历次路线斗争"，谈到瞿秋白时毛泽东说："接着是瞿秋白犯路线错误。他们在湖南弄到一个小册子，里面有我说的'枪杆子里面出政权'这样的话，他们就大为恼火，说枪杆子里面怎么能出政权呢？于是把我的政治局候补委员撤了。后来瞿秋白被国民党捉住了，写了《多余的话》，自首叛变了。"这是目前看到的毛泽东对瞿秋白的最后"定论"。

　　虽然因为"12号文件"的"定论"使为瞿秋白平反的文件未获通过，但在1980年2月29日的五中全会第三次会议上当有人提到如何评价瞿秋白时，邓小平则明确指出："历史遗留的问题还要继续解决。比如这次会上提到的瞿秋白同志，讲他是叛徒就讲不过去，非改正不可。"（《坚持党的路线，改进工作方法》，《邓小平文选》第2卷，人民出版

社 1994 年版）

　　尽管为瞿平反的文件未获通过，但事实上已经开始为瞿"平反"。1980 年 6 月 17 日，中国文联、中国作协和中国社会科学院在人民大会堂西大厅联合举行座谈会，纪念瞿秋白就义四十五周年。会议由中国作协副主席贺敬之主持，中共中央宣传部副部长、中国文联副主席周扬在会上讲话，高度赞扬瞿的一生。座谈会上还有许多人发言，孙克悠回忆说："在这个会上，我记得李维汉同志曾经说过，在中国共产党历届党的主要领导人中，瞿秋白是最能贯彻执行民主集中制的，他不搞家长制。"第二天，中共中央组织部老干部局负责人、社科院研究生院负责人、中纪委第八组负责人及瞿的亲属瞿独伊等人，在八宝山瞿秋白被砸的墓碑残基前，敬献了中组部送的花圈和亲友献的鲜花。

　　1980 年 10 月 19 日，中共中央办公厅发出了转发中纪委《关于瞿秋白同志被捕就义情况的调查报告》的通知，结束了对此案的复查工作。该《报告》明确宣布："《多余的话》文中一没有出卖党和同志；二没有攻击马克思主义、共产主义；三没有吹捧国民党；四没有向敌人乞求不死的意图。""客观地全面地分析《多余的话》，它决不是叛变投降的自白书。"标志着对从 1964 年就开始罗织的"瞿秋白自首叛变案"的正式、彻底平反。1982 年 9 月，中共召开第十二次全国代表大会，中纪委在向十二大的工作报告中说："对所谓瞿秋白同志在 1935 年被国民党逮捕后'自首叛变'的问题，重新作了调查。瞿秋白同志是我们党早期的著名的领导人之一，党内外都很关心他的问题。中央纪律检查委员会经过对他的被捕前后的事实调查，证明瞿秋白同志在被捕后坚持不屈不挠的斗争，因而遭受敌人杀害。"（陈铁健：《导读：书生革命者的悲剧情怀》，第 46 页）从"瞿案"的起源、定性到最后平反，可以清晰地看到"权力"与"历史"的关系。

　　周海滨按：雷颐，著名历史学者，中国社会科学院近代史研究所研

究员。著有《李鸿章与晚清四十年》、《走向革命：细说晚清七十年》、《历史：何以至此》、《逃向苍天：极端年代里小人物的命运沉浮》、《取静集》、《被延误的现代化》、《历史的裂缝》、《历史的进退》等。

《多余的话》真伪公案始末
——兼及文人与革命

周海滨

> 人爱自己的历史，比鸟爱自己的翅膀更厉害，请勿撕破我的历史。

> ——瞿秋白

纸上风波

我竟成"多余的人"呵！噫！忏悔，悲叹，伤感，自己也曾以为不是寻常人，回头看一看，又有什么特异，可笑可笑。……"然而，宁可我溅血以偿'社会'，毋使'社会'杀吾'感觉'"。……我要"心"！我要感觉！我要哭，要恸哭，一畅……

这是 1921 年 12 月 19 日瞿秋白在《赤都心史》中自嘲是"中国之'多余的人'"。

"多余的人"是 19 世纪俄国文学中所描绘的贵族知识分子的一种典型。普希金笔下的叶甫盖尼·奥涅金、莱蒙托夫笔下的毕巧林、屠格涅夫笔下的罗亭、冈察洛夫笔下的奥勃洛摩夫是俄罗斯文学史上的四大"多余人"。他们多数出身于没落的名门望族，素受文化教养，不为官职钱财所利诱；也能看出现实生活中的某些弊病和缺陷。他们虽有变革现实的抱负，但缺少实践。他们生活空虚，性格软弱，没有向贵族社会抗争的勇气，只是用忧郁、彷徨的态度对待生活，在社会上无所作为。

瞿秋白喜欢俄罗斯作家屠格涅夫。瞿秋白对屠格涅夫笔下的"多余的人"罗亭极其喜爱，曾评说："鲁定办一桩事，抛一桩事，总不能专心致志，结果只能选一件最容易的——为革命而死。"鲁定即罗亭，"多余的人"在屠格涅夫 1850 年发表中篇小说《多余人日记》之后深入人心。

受俄国文学的影响，在瞿秋白热烈拥抱的上世纪二三十年代，鲁迅笔下的涓生、巴金笔下的觉新、柔石笔下的肖涧秋、叶圣陶笔下的倪焕之、曹禺笔下的周萍等中国"多余的人"也在影响文坛。

瞿秋白也不例外，在《多余的话·告别》中，他列出了值得再读一读的文学作品，其中就有屠格涅夫的《鲁定》（即《罗亭》）。瞿秋白之所以对这部作品情有独钟，是因为他在罗亭这个"多余的人"身上看到了自己的影子。

有着浪漫情怀的瞿秋白在与现实发生关联的时候，总是自我执拗于违和感，不免自觉是"多余的人"。

"多余的人"并不可怕，瞿秋白害怕的是"多余的话"。他说，"宁可我溅血以偿'社会'，毋使'社会'杀吾'感觉'"。瞿秋白一语成谶，虽溅血以偿，却在身后受社会之杀。

都是那篇让人翻烂了的《多余的话》惹出的纷争。

"话既然是多余的，又何必说呢？已经是走到了生命的尽期，余剩的日子不但不能按照年份来算，甚〔至〕不能按星期来算了。就是有话，也可说可不说的了。……我愿意趁这余剩的生命还没有结束的时候，写一点最后的最坦白的话。"1935 年，瞿秋白在福建长汀狱中写下遗作《多余的话》，全文 1. 6 万余字，总标题后引《诗经·黍离》"知我者，谓我心忧；不知我者，谓我何求"作为题记，包括：何必说？（代序）、"历史的误会"、脆弱的二元人物、我和马克思主义、盲动主义和立三路线、"文人"、告别、记忆中的日期（附录）。他用自我反省的笔触和自我剥离的挣扎，用几近残酷的坦白直指自己的灵魂深处。在生命的最后阶段，他的内心没有丝毫的掩饰和遮挡，透明而坦荡。

瞿秋白对这个世界的留恋并没有因生命的行将结束而减弱，他看到的是一个美好而繁花似锦的新世界，但是自己却指向死亡："这世界对于我仍然是非常美丽。一切新的，斗争的，勇敢的都在前进。那么好的花朵，果子，那么清秀的山和水……但是，永别了，美丽的世界！"

1935 年 6 月 18 日，通过文字让自己放下包袱、了却心愿的瞿秋白，坦然赴死。枪响的那一刻，《国际歌》的歌声、"中国共产党万岁"的口号声伴随着他。

瞿独伊家中珍藏了父亲瞿秋白最后的照片。他上身穿黑色中式对襟衫，下身穿白布短裤、黑袜、黑布鞋，背着双手，昂首直立，神情淡定轻松。当时，瞿秋白缓步走出中山公园，手持香烟，神色不变，沿途用俄语唱《国际歌》《红军歌》，到达两华里外的罗汉岭刑场之后，选择一处坟墓堆上，盘足而坐，微笑着说"此地很好"，并要求正面开枪。

据《申报》报道："书毕，复步行中山公园，在园中凉亭内饮白干酒一斤，谈笑自如，并唱俄文《国际歌》及《红军歌》……歌毕，始缓步赴刑场，手持烟卷，态度镇静。乃至刑场，盘坐草地上，尚点头微笑。俄顷，砰然一声，饮弹而陨矣……"

36 岁的瞿秋白牺牲了，身后近 30 年的时间里波澜不惊，随后却哗声一片。

瞿秋白 1899 年生于江苏常州，有长妹瞿轶群（1900—1981）、二弟瞿云白（1902—1958）、三弟早殇、四弟瞿景白（1906—1929）、五弟瞿垚白（1909—？）、二妹红红早殇、六弟瞿坚白（1913—1944）。

瞿秋白牺牲后，鲁迅抱病编校瞿秋白的译文集《海上述林》，署名"诸夏怀霜社"，编者包括鲁迅、郑振铎、茅盾等人。鲁迅解释说："我把他的作品出版，是一个纪念，也是一个抗议，一个示威……人给杀掉了，作品是不能给杀掉的，也是杀不掉的。"

在多个版本的瞿秋白传记里，都提及瞿秋白在 13 岁左右曾写过一首《吟菊》诗："今岁花开盛，宜栽白玉盆。只缘秋色淡，无处觅霜痕。"

这首诗里，瞿秋白的名和字："秋""白""霜"均有。由于瞿秋白头发上有"双旋"，父母为其取名双，后改名瞿爽、瞿霜，又改号"秋白"。据说，瞿秋白之父瞿世玮喜好星象之学，他曾说这首诗"把秋白的秋字、瞿霜的霜字，都写了进去，而且是淡而无处寻觅，充满着不吉利语，恐怕是儿不得善终了"。瞿世玮当然不可能预知生死，但是儿子短暂人生的命运多舛和身后的沸沸扬扬更是其始料不及的。

红军长征结束后，时值瞿秋白殉难一周年，1936 年 6 月 20 日，中共在法国巴黎从事抗日民族统一战线宣传的机关报《救国时报》出版了"瞿秋白先生殉难一周年纪念"专版，这也是中共党史上第一次以专版的形式纪念党的领导人。

在瞿秋白殉难一周年之际，莫斯科外国工人出版社编印了一本中文书《殉国烈士瞿秋白》，收集了杜宁（杨之华）、萧三、陈云、李立三、王明、康生等人的悼念文章，以及毛泽东论及苏区文化教育的一段文字，共产国际代表以及日本、英国、美国、德国、加拿大、安南共产党的追悼文章。共产国际代表的文章写道："让帝国主义的走狗们记住：红军今日对中国革命英雄——为中国人民谋解放的英雄的尸骨深表哀悼，而在中国共产党及红军领导之下的饥寒交迫的中国人民，明天将给反革命的血腥统治以致命的打击。" 1940 年在香港出版的纪念瞿秋白文集《民族解放先驱瞿秋白》，则是《殉国烈士瞿秋白》一书的再版。

1945 年 4 月 20 日，中国共产党六届七中全会通过的《关于若干历史问题的决议》，第一次以中共中央决议的形式对瞿秋白作出重要评价："瞿秋白同志，是当时党内有威信的领导者之一，他在被打击以后仍继续做了许多有益的工作（主要是在文化方面），在一九三五年六月也英勇地牺牲在敌人的屠刀之下。"

1946 年，遭受王明迫害的瞿秋白遗孀杨之华从苏联回国，毛泽东特邀杨之华、瞿独伊母女到家中做客。毛泽东说："瞿秋白同志的问题解决了，中央已作了一个《关于若干历史问题的决议》。"

※

1950 年 12 月 31 日，毛泽东应杨之华请求为《瞿秋白文集》题词：

> 瞿秋白同志死去十五年了。在他生前，许多人不了解他，或者反对他，但他为人民工作的勇气并没有挫下来。他在革命困难的年月里坚持了英雄的立场，宁愿向刽子手的屠刀走去，不愿屈服。他的这种为人民工作的精神，这种临难不屈的意志和他在文字中保存下来的思想，将永远活着，不会死去。瞿秋白同志是肯用脑子想问题的，他是有思想的。他的遗集的出版，将有益于青年们，有益于人民的事业，特别是在文化事业方面。
>
> 毛泽东
> 一九五〇年十二月三十一日①

但是在此后人民出版社出版（1953 年 10 月北京第一版，北京第一

---

① 《瞿秋白选集》，人民出版社 1985 年版。

次印刷）的《瞿秋白文集》第一册上，却没有刊出毛泽东的上述题词。瞿秋白文集编辑委员会在序中写道："下面是关于编辑上的几点说明：这个文集分为八卷，合二卷为一册，共四册；瞿秋白同志在文学方面的创作、评论和翻译的重要作品，都已经收集在内。此外，并收入他的《新中国文草案》。瞿秋白同志关于政治方面的遗著，将另行处理。"

1953 年 10 月到 1954 年 2 月，人民出版社又先后出版发行了《瞿秋白文集》第二册、第三册和第四册，毛泽东题词，仍未公开发表。

为什么不把毛泽东称赞瞿秋白"宁愿向刽子手的屠刀走去，不愿屈服"的题词刊印在《瞿秋白文集》上，而是藏匿起来秘不示人？

毛泽东题词首先与杨之华有关。目前还保存着 1950 年 12 月 31 日毛泽东写给杨之华的一封信和信封影印件，该信封上写着"中华全国总工会杨之华同志"，落款为"毛寄"。信的内容为：

之华同志：

　　来信收到，瞿秋白同志文集出版，甚好。写了几句话，不知可用否？

　　此复，顺祝健康！

毛泽东
十二月卅一日

1980 年代初从中央档案馆中重新发现毛泽东为《瞿秋白文集》题词手稿的当事人之一温济泽曾推测说："我们只能猜想，三十年前已经发现瞿秋白在狱中写的《多余的话》，这是秋白的原文，还是有什么地方被敌人篡改过呢？由于一时难分辨清楚，所以毛泽东的题词没有发表。"

多篇分析文章都指向瞿秋白诗文的一次风波。

1950 年 6 月，瞿秋白牺牲十五周年，天津《文艺学习》杂志第一卷六期，刊登了南开大学教授、翻译家李霁野的题为《瞿秋白先生给我的印象》的怀念文章。文章结尾写有这样一段话："在他从容就义以前还赋诗作词，我读到报纸上的记事时，想到他温雅而勇敢的态度，明亮有神的眼睛，从容而有风趣的谈吐，觉得他很富有诗人的气质，他的一生就是一首伟大的、美丽的诗。"文末"附录"写道："据一位朋友写信来告诉我说，诗是集唐人句：夕阳明灭乱山中，落叶寒泉听不穷。回首十年坎坷事，心持半偈万缘空。他说词他只记得末两句：'枉抛心力作英雄，黄昏已近夕阳红。'"

李霁野的文章发表后，《人民日报》有备而来，在 7 月 18 日同时刊登了时任《新华月报》编审、诗人臧克家《关于瞿秋白同志的"死"》一文和杨之华来信，并加了"编者按"。

"编者按"说：瞿秋白同志死后，国民党反动派曾在当时的报纸上故意发表些经过篡改的或捏造的"遗作"，以致以讹传讹，歪曲了历史。臧克家同志为此写了一篇辩正的文章。秋白同志爱人杨之华同志也给本报一封信，表示同意臧克家同志的意见。臧克家的文章在转述了李霁野文章中引录的瞿秋白"集唐人句"诗后，写道："这些诗词对于这样一个烈士的死是多不相称！它们对于他简直是一个大讽刺，一个大侮辱！""这些东西绝不可能出自一个革命烈士的笔下，它是敌人埋伏的暗箭，向一个他死后的'敌人'射击。……那四句集诗，如果出自一个'坐化'的释教徒还差不离。对于一个革命战士，死，就是永生！至于'枉抛心力作英雄'，那简直是'死'前忏悔低头了。一个拒绝诱惑，以死殉人民事业的革命斗士，会在这最后关头否定了一切，连自己光荣的历史也在内！这不但不可能而情况恰恰是相反的。"

当天晚上，李霁野给《人民日报》写了一封致歉信："编者先生：七月十八日'人民园地'上发表了臧克家先生《关于瞿秋白同志的

"死"》，说我在《文艺学习》一卷六期所写的《瞿秋白先生给我的印象》末所引的诗词和'这样一个烈士的死是多不相称！'对于臧先生的这个意见，我完全同意。……稿完后适好接到朋友答殉难情形的复信，就将诗词抄录在后面了。虽然作为附注，并未重视诗词本身，但我并没有指明这不称烈士的就义情形，是我应该负责任的。因此我对于秋白先生的家属以及爱护他的遗念的朋友和读者们致深诚的歉意。"

这场争论虽然以李霁野的检讨结束，但波及到瞿秋白著作的出版，毛泽东题词的首次发表出现在 35 年后，1985 年人民出版社出版的《瞿秋白选集》上。

陈福康、丁言模在《杨之华评传》中认为，"当初瞿秋白牺牲后，杨之华就坚决表示不相信《多余的话》和其他旧体诗等，认为是敌人故意捏造或修改的，是用来恶毒贬低瞿秋白光辉形象的。杨之华考虑的问题相当多，远远超过了当时史学界所能想到的。事实证明，她的顾虑并非多余。……毛泽东对于《多余的话》的看法，杨之华理应知道，但是她从来不发表任何意见，并且自 20 世纪 60 年代初起就已不再公开发表纪念瞿秋白的文章了。但她还有一个心愿：要写一本回忆瞿秋白的书。1959—1963 年，在杨之华具体指导下，由中央组织部委派的洪久成陆续完成了《回忆秋白》的初稿。杨之华曾有希望再次当选中央委员，就因为她在对待瞿秋白的问题上不能'端正态度'，终于未能当选。"

※

1963 年，戚本禹批评罗尔纲对李秀成自述的研究，提出李秀成是叛徒，李秀成自述是背叛太平天国革命事业的"自白书"。他写了一篇题为《评李秀成自述——并同罗尔纲、梁岵庐、吕集义等先生商榷》的文章，发表在《历史研究》1963 年第 4 期上。毛泽东赞成戚本禹的观点，并在文章旁边批了 16 个字否定李秀成："白纸黑字，铁证如山。晚节不忠，不足为训。"《人民日报》1964 年 7 月 24 日第 5 版"学术研究"栏目摘要转载了戚本禹《评李秀成自述》一文。

毛泽东对李秀成自述的批语牵涉到瞿秋白的历史评价。据周扬 1979 年 8 月 28 日在万寿路住所对中纪委第八组谈话时说：

> 我问陈伯达，对李秀成怎么看。他说李秀成还不是为了保他部下那些人。陈是为李辩护的。陈伯达又说，瞿秋白不是也写过一个自述吗？陈说是黄敬告他的，因为黄敬被捕后也写过这种东西。
>
> 我见到江青，向她说起黄敬说瞿秋白写过自述的事。江青说：什么自述，他（黄敬）根本就是自首分子，所以我才和他离开的。
>
> 我见到了（毛）主席时，把对李秀成有不同看法向主席汇报了，主席一言不发。
>
> 以后江青见到我，说：主席认为李秀成是"白纸黑字，铁证如山，忠王不忠（晚节不忠？），不足为训"！主席关照不要告你，但我还是告你了。
>
> 我又见主席时，主席第一次对我那么生气地批评了我（他从来总是表扬我，没有批评过）。他说：范文澜、郭老，还有你，你们都为李秀成辩护。你这个人没办法，你是大地主阶级出身，本性难改……我当时听了很难受。总理在一旁承担责任说他有错误（因为是总理要我过问的）。我说还是我的责任。这时主席也提到了瞿秋白。我问主席看《多余的话》没有，主席说：看不下去，无非是向敌人告饶，自首叛变。为什么不宣传陈玉成而宣传李秀成？为什么不宣传方志敏而宣传瞿秋白？

周海滨按：以上内容转引自雷颐：《孤寂百年：中国现代知识分子

十二论》，广西师范大学出版社 2015 年版，第 315 页。

1964 年 8 月 23 日，《人民日报》以第六版、第七版两个整版及第八版左下角版面登载了戚本禹的《怎样对待李秀成的投降变节行为？》（《历史研究》1964 年第 4 期）一文。戚本禹明确提出了叛徒问题，而"翻逝者李秀成、瞿秋白的案，是为了打活人刘少奇"，刘少奇的所谓历史问题，即"叛徒、内奸、工贼"案，"叛徒"首当其冲。

"揪叛徒"酝酿开来。1964 年夏，中共常州市委也接到"再不要宣传瞿秋白"的指示精神，瞿秋白故居随后关门，文物遭封存。"文革"前毛泽东已把陈独秀、瞿秋白等人提高为"党内路线斗争"的重点对象。1966 年 5 月"文革"开始后，林彪、江青认为《多余的话》是瞿秋白"自首叛变的铁证"，"出卖我党我军重要机密"，"暴露了党的地下关系"。"出卖我党我军重要机密"的一个罪证是，瞿秋白在一次回答问话时，说出项英、陈毅率领红军兵分三路活动的情况。陈铁健解释说："当时根据中共中央 2 月来电指示，苏区留守红军兵分九路进行游击。项英、陈毅不久到达赣粤交界的油山，根本不在'兵分三路'中的任何方向。"

在瞿秋白遇难 32 年后的 1967 年，《多余的话》惹来横祸。这份遗作被认为是"叛徒的自白"。在面对死亡的时刻，瞿秋白把曾经拥有过的浪漫、热情、执着、苦闷、困惑、坚定、悲悯……以真实的面目袒露出来，被认为是对革命的背叛。

其实，在瞿秋白的作品中，"叛徒"这个词汇会被惯常使用，瞿秋白也未曾料到身后会与"叛徒"为伍。不过，瞿秋白笔下的"叛徒"不是无耻的背叛者，而是可爱的叛逆者。在《〈鲁迅杂感选集〉序言》中，瞿秋白称鲁迅为"青年叛徒的领袖"，称萧伯纳为"资产阶级的叛徒"。

"叛徒"瞿秋白遭到了新时代"青年叛徒的领袖"的讨伐，开始砸墓，砸瞿秋白的墓，砸瞿秋白父亲的墓，砸瞿秋白母亲的墓。

1967 年 6 月 17 日，中国革命博物馆革命造反联合委员会召开了"声讨叛徒瞿秋白大会"，揭发罗瑞卿、周扬等人利用叛徒进行反党活动，会后瞿秋白大型塑像被砸烂。福建长汀县罗汉岭的瞿秋白墓碑同期被毁。而 1967 年 1 月 19 日常州瞿秋白母亲墓已被砸。

"文革"结束以后，中共中央经过深入调查，认为《多余的话》是瞿秋白的"真迹"，但是，瞿秋白并不是"叛徒"。不过，主流舆论再也不提"烈士"两字。

在陆定一、邓小平、瞿独伊等人的努力下，瞿秋白不仅洗脱了身后被污浊的名声，而且让人们清晰地看到，瞿秋白在生命的尽头用革命家的尖锐和文人的清高，把自己的内心世界不加掩饰并且毫不惧怕地摆在了历史的评判台上。

1979 年 5 月，中共中央纪律检查委员会成立 8 个专案组，对瞿秋白、刘少奇、彭德怀、陈毅、贺龙等人的冤案同时立案复查。1980 年 10 月，瞿秋白专案组写出了《关于瞿秋白同志被捕问题的复查报告》，由中共中央办公厅向全党转发，正式为瞿秋白平反昭雪。《报告》指出，瞿秋白被捕后"拒绝劝降"，"坚持了党的立场，保持了革命的节操，显示了视死如归，从容就义的英勇气概"，《多余的话》"一没有出卖党和同志；二没有攻击马克思主义、共产主义；三没有吹捧国民党；四没有向敌人求饶乞求不死的任何内容"，"它决不是叛变投降的自白书"。

1985 年 6 月 18 日，中共中央在中南海举行瞿秋白同志就义五十周年纪念大会，时任中央军委常务副主席兼秘书长的杨尚昆，代表中共中央对瞿秋白作出全面评价——

> 瞿秋白同志是中国共产党早期的主要领导人之一，伟大的马克思主义者，卓越的无产阶级革命家、理论家和宣传家，中国革命文学事业的奠基者之一。……

秋白同志是一位多才多艺的文艺理论家、批评家、作家和翻译家。由于担负了繁重的党的实际领导工作和思想理论工作，没有能全力从事文学活动，但他仍然在中国现代文学史上树立了不朽的丰碑。二十年代初，他写过优美的散文和大量新闻通讯，积极评介苏俄文学作品和文艺理论著作，最早全文翻译《国际歌》。他是党内最早认识和高度评价鲁迅在中国思想文化界的杰出作用的领导人。……

在"文化大革命"的动乱年代里，秋白同志在身后又一次蒙受了严重的诬陷和冤屈。1980 年，中央纪律检查委员会经过反复调查，推翻了在"文化大革命"期间流传甚广的诬蔑他为叛徒的种种颠倒不实之词。中央书记处于同年 7 月讨论通过了中纪委的有关报告，10 月发出党内文件，在全党恢复了他的名誉。

在秋白同志就义五十周年的时候，中央召开这个纪念会，向全党和全国人民表达党对这位伟大的无产阶级革命家的尊敬。人民出版社和人民文学出版社分别出版了《瞿秋白选集》和《瞿秋白文集》（文学编）第一卷。江苏常州市将举行关于瞿秋白研究的全国性学术讨论会。福建省在长汀县建立瞿秋白烈士纪念碑。我们隆重地进行这些纪念活动，就是为了如实地确定秋白同志在党的历史上的地位，正确地评价他革命的一生，扫除在他生前身后横加给他的一切诬陷的灰尘，恢复和发扬秋白同志作为中国共产主义运动史上杰出的早期领导人的光辉。

同志瞿秋白回来了。

"永别了，亲爱的同志们！——这是我最后叫你们'同志'的一次。我是不配再叫你们'同志'的了。告诉你们：我实质上离开你们的队伍很久了。"瞿秋白 1935 年在《多余的话·告别》里向同志如是告别。

50 年后，离开队伍好久的瞿秋白回来了。

真伪之殇

《多余的话》部分内容最早以《共魁瞿秋白的多余的话》为题发表于由国民党"中统"主办的《社会新闻》杂志第十二卷第六、七、八期（一九三五年八月、九月出版，选载《历史的误会》《文人》《告别》三节）。《社会新闻》首次选载《多余的话》时，加按语说："瞿之狡猾恶毒至死不变，进既无悔过之心，退亦包藏颠倒黑白之蓄意，故瞿之处死，实属毫无疑义。"

1935 年 6 月 27 日，三十六师师长宋希濂密电国民党军驻闽绥靖公署主任蒋鼎文：·

> 绥靖主任蒋：有未法电敬悉。靖密。瞿匪秋白临刑前及枪决后之照各两张，及在杭之自供一份，呈报一份，在汀之口供一份，自供一份，《多余的话》一份，《苏维埃组织概要》一份，及未成稿之目录一份，已遵于感日密封邮呈，乞察核为祷。
>
> 职宋希濂叩。感申印。

1937 年 3 月 5 日至 4 月 5 日上海《逸经》半月刊第二十五、二十六、二十七期全文刊载《多余的话》。此后日本、香港的报刊陆续转载。1967—1974 年大量"讨瞿"组织印刷的《多余的话》版本来源于《逸经》。1937 年 4 月《逸经》刊出《多余的话》时，一个署名"雪华"的人在《〈多余的话〉引言》中写有这样一段话：

> 有人说，瞿秋白这篇《多余的话》，实在太是"多余"的，他

的字里行间，充分地流露了求生之意；这对于共产党，要算是一桩坍台的事。我觉得瞿秋白这样历尽沧桑的人，到了如此地步，对生死还不能参透，是不会有的事，我们不应从这方面去误解他。

《多余的话》最初是由国民党方面主动刊载的。他们之所以披露，是因为他们把这篇文章看成是共产党领袖的一份"反省书"。但是，国民党方面又并不把瞿秋白看成是"叛徒"。从《多余的话》问世到1960年代，中共方面几乎所有人都认为这是伪作，是政治阴谋，认为这样"意气消沉"的文章不可能出自烈士瞿秋白之手，同时否认狱中诗词的真实性。人们往往拿方志敏《可爱的中国》与瞿秋白《多余的话》进行比较，认为《多余的话》缺乏战斗精神，包括杨之华在内都极力否认这是瞿秋白的亲笔作品。杨之华1936年参与编辑的《殉国烈士瞿秋白》明确否认《多余的话》的真实性。

革命的激情总是会忽视细腻的情感，在宏大的叙事下，"人生自古谁无死，留取丹心照汗青""杀了夏明翰，还有后来人"，总是需要昂然的头颅去面对敌人，连阿Q都要喊出"二十年后又是一条好汉！"的战斗号角，更毋论领袖的"俱往矣，数风流人物，还看今朝"。而瞿秋白的这篇遗言大相径庭，最后一句是"永别了"；往前一句是，"中国的豆腐也是很好吃的东西，世界第一"；再往前，谈阅读、荐书。在汲汲于革命，抑或汲汲于为革命而死的群体看来，这也太上不了台面了。所以，这是伪造的！

瞿秋白非常明白同时代的人不会理解和接受这样的真实——

严格的讲，不论我自由不自由，你们早就有权利认为我也是叛徒的一种。如果不幸而我没有机会告诉你们我的最坦白最真实的态度而骤然死了，那你们也许还把我当做一个共产主义的烈士。记得一九三二年讹传我死的时候，有的地方替我开了追悼会，当然还念起我的"好处"，我到苏区听到这个消息，真叫我不寒而栗，以叛徒而冒充烈士，实在太那么个了。因此，虽然我现在已经囚在监狱里，虽然我现在很容易装腔作势慷慨激昂而死，可是我不敢这样做。历史是不能够，也不应当欺骗的。我骗着我一个人的身后不要紧，叫革命同志误认叛徒为烈士却是大大不应该的。所以虽然反正是一死，同样是结束我的生命，而我决不愿意冒充烈士而死。（《多余的话·告别》）

郑振铎说，《逸经》发表《多余的话》以后，他当时就通过关系到《逸经》杂志社查阅《多余的话》底稿，只见到一个手抄本，而未见瞿秋白的手迹。因此，他怀疑文章是伪造的。这个"伪造说"几乎是抗战时期至中共八大（1937—1956）为瞿秋白作政治评价时的一致定论。

1938年在武汉时，柳亚子向周恩来报告说，他得到瞿秋白在狱中写的《多余的话》，可能有假，现保存在女儿柳无垢处，请示如何处理。周恩来当时回答："既然是假的，何必重视呢？既然是真的，又何必处理呢？"

1958年毛泽东经周恩来的确认，相信了瞿秋白《多余的话》不是国民党的伪造。在当年怀仁堂的一次气氛轻松的会议上，毛泽东突然提到党的历史上的几次路线斗争，又把瞿秋白与陈独秀、李立三、王明、张国焘等并列在一起，当时听会的杨之华一时惊恐万状，忧心忡忡。而三年前即1955年，瞿秋白的遗骸刚刚从福建长汀移来北京八宝山烈士公墓隆重安葬。

1964年6月，在一次中央书记会议上，周恩来再次提到此事，说抗战初期曾有人向我们兜售，问我们买不买瞿秋白的《多余的话》（手稿），但是我们认为是伪造的，没有买。这时的周恩来已经确定了《多余的话》实是瞿秋白所写，而毛泽东与他本人已经决定了"少纪念瞿秋白，多纪念方志敏"。

惟一被狱方允许采访瞿秋白的记者证实有《多余的话》。1935 年 6 月 2 日上午，瞿秋白在狱中会见《闽西日报》记者李克长。

1935 年 7 月 3 日至 7 日的《闽西日报》上，李克长发表《未正法前之瞿匪秋白访问记》，后又登载在 1935 年 7 月 8 日《国闻周报》上。

瞿秋白说："我花了一星期的工夫，写了一本小册，题名《多余的话》。（言时，从桌上拣出该书与记者。系黑布面英文练习本，用钢笔蓝墨水书写者，封面贴有白纸浮签。）这不过记载我个人的零星感想，关于我之身世，亦间有叙述，后面有一'记忆中的日期表'，某年做某事一一注明，但恐记忆不清，难免有错误之处，然大体当无讹谬。请细加阅览，当知我身世详情，及近日感想也。"并说"如有机会，并请先生帮忙，使之能付印出版"。瞿秋白还同意了记者借出阅读的要求，当天傍晚，李克长差人将《多余的话》带出监狱阅看。但未及读完，就被三十六师收回。对此，李克长写道："傍晚时差人取来《多余的话》一稿，阅未及半，为主管禁押人员催索取去。"答应"另抄一副本寄与记者"。

"我第一次读到《多余的话》是在延安。洛甫同志同我谈到，有些同志认为这篇文章可能是伪造的。我便从中宣部的图书室借来一本杂志，上面除这篇文章外，还有一篇描述他就义的情景。我读着文章仿佛看见了秋白本人，我完全相信这篇文章是他自己写的（自然不能完全排除敌人有篡改过的可能）。那些语言，那种心情，我是多么地熟悉啊！"熟识瞿秋白的丁玲虽然在 1950 年代否认其真实性，但在延安第一次看到《多余的话》时，并没有怀疑真伪，她自觉"会被某些思想简单的人、浅薄的人据为话柄，发生误解或曲解"，"决不会想到后来'四人帮'竟因此对他大肆污蔑，斥他为叛徒，以至挖坟掘墓、暴骨扬灰。"

1979 年 6 月，中纪委专案组开始对瞿秋白被捕等问题进行调查，到上海、杭州、常州、长汀等地进行实地走访。专案组访问了当年驻扎长汀，直接审讯并执行枪决瞿秋白的原国民党第三十六师师长宋希濂。宋希濂早年曾在上海大学听瞿秋白讲过课。宋希濂说："当时，我曾就孙中山先生说的'中国只有大贫小贫之分，不适合阶级斗争学说'与瞿秋白辩论，瞿说中山先生是中国革命的先驱者，这是毫无疑义的，但孙先生的三民主义是不彻底的革命，倒像一盘大杂烩，无所不包，并不能解决中国的出路问题。"

宋希濂出具的书面证明显示："第一，瞿秋白没有叛变或变节的言行，有的是充满革命气节的言行；第二，瞿秋白的确写了《多余的话》长文，我当时就看过了，印象极深，这篇长文写的是瞿秋白对往事的回顾和剖析，而不是对从事革命事业的忏悔，不是国民党方面事后捏造的那样。"

时任中共闽西南军政委员会秘书长的温仰春说："按原计划，瞿秋白拟从福建、广东、香港到上海。这条秘密交通线，并没有因为瞿秋白的被捕而受到破坏，一直到 1937 年底完好无损。这一点，我完全可以证明、负责。"

陈铁健认为："《多余的话》的思想情感和语言风格，与瞿秋白入狱前和狱中所写诗词、散文、书信、笔供相比较，都契合相通，具有承接关系。经众多学者多方考辨证明，《多余的话》确具原真性而没有被篡改。宋希濂不止一次说，瞿秋白讲的那些事，我们这些人都不知道，不懂得。别人谁也写不出来，实事求是地说，是没有改过。宋希濂此语真实。就三十六师大小军官以及中统特工的文化层次和政治头脑，没有人能达到'篡改'瞿秋白文字的水平，更不要说可能理解《多余的话》中那种凄清伤感、坦荡真率的深意，以及一个书生革命者的清正本色。"

陆定一至少两次提及《多余的话》，在其文集自序中说："我在延安当党中央宣传部长的时候，就从国统区的报刊中看到《多余的话》，说是瞿秋白在国民党监狱中写的遗书。我当时认为，秋白同志对革命是忠心耿耿的，他严辞拒绝国民党的劝降。而这篇遗书情绪消沉，和秋白同志的精神、性格迥然不同，恐怕是国民党伪造的。20 世纪 60 年代初……我到人民大会堂开会，毛主席、周总理都在座，我向他们报告了这件事和我的看法。周总理说，我看过《多余的话》的原稿，确是秋白的笔迹。"① "1964 年，香港的国民党杂志，又把《多余的话》登出来了。有一次在人民大会堂北京厅，有毛主席，有总理，还有我，三个人，怎么谈起的我不记得了。我向他们报告说瞿秋白的《多余的话》在香港那里又登出来了。毛主席就要看，我就拿给他了，请他看。……后来，毛主席看了以后，就对我讲，就是以后少纪念瞿秋白，多纪念方志敏……他的话是那么讲的，此外就没有多的话了。周总理想把《多余的话》的原稿找到，据我所知，没有找到。'文化大革命'开始的时候，1966 年总理派了两个人来问过我瞿秋白的事情，我就把以上情况再一次报告了他。"②

虽然《多余的话》手稿一直没有找到，但是其真实性在学术界已成共识。

1991 年，人民出版社出版《瞿秋白文集》（政治理论编）第 7 卷，以附录形式"接纳"了《多余的话》。编者按语说："《多余的话》是瞿秋白就义前在福建汀州狱中所作。这里根据中央档案馆保存的国民政府档案手抄本刊出。……《多余的话》至今未见到作者手稿。从文章的内容、所述事实和文风看，是瞿秋白所写；但其中是否有被国民党当局篡

①《陆定一文集·自序》，人民出版社 1992 年版。
②陆定一 1979 年 4 月 16 日在北京医院对中纪委第八组等谈话。

改之处，仍难以断定，故作为'附录'收入本卷，供研究者参考。"

这距离《多余的话》首次发表已经过去了56年。

文人"革命"

为什么瞿秋白会写出《多余的话》？

瞿秋白说："我本只是一个半吊子的'文人'而已，直到最后还是'文人结〔积〕习未除'的。对于政治，从一九二七年起就逐渐减少兴趣。"

这与瞿秋白的"绅士阶级"出身有关。

瞿秋白在《多余的话·脆弱的二元人物》里是这样解释的：

> 我虽然到了十三四岁的时候就很贫苦了；可是我的家庭世代是所谓"衣租食税"的绅士阶级，世代读书，也世代做官。我五六岁的时候，我的叔祖瞿睿（廷？）韶还在湖北布政使司任上，他死的时候正署理了湖北巡抚。因此我家的田地、房屋虽然在几十年前就已经完全卖尽，而我小的时候，却靠着叔祖、伯父的官俸过了好几年十足的少爷生活。绅士的体面"必须"继续维持。我母亲宁可自杀而求得我们兄弟继续读书的可能；而且我母亲因为穷而自杀的时候，家里往往没有米煮饭的时候，我们还用着一个仆妇（积欠了她几个月的工资到现在还没有还清），我们从没有亲手洗过衣服，烧过一次饭。
>
> 直到那样的时候，为着要穿长衫，在母亲死后，还剩下四十多元的裁缝债，要用残余的木器去抵账。我的绅士意识——就算是深深潜伏着表面不容易觉察罢——其实是始终没脱掉的。

在《饿乡纪程》中，瞿秋白也流露出对自己出身的在意："我的诞生地，就在这颠危簸荡的社会组织中破产的'士的阶级'之一家族里。"

在这个"世代读书，也世代做官"的家族里面"靠着叔祖、伯父的官俸过了好几年十足的少爷生活"，"我们从没有亲手洗过衣服，烧过一次饭"。

瞿家的确是一个世代为官的书香门第。叔祖瞿廷韶（字赓甫）任湖北布政使，瞿赓甫的祖父封爵为"云骑尉"。经瞿赓甫保奏，其兄长瞿贞甫取得"国学生"资格，后承袭"云骑尉"。瞿赓甫为瞿秋白之父瞿世玮捐"浙江候补盐大使"虚衔，瞿世玮寄居叔父家中，任知县的大哥瞿世琥持续资助。

叔祖瞿赓甫善画，父亲瞿世玮擅长绘画、剑术、医道，六伯父瞿世璜精于篆刻。母亲金璇是官宦之女，精于诗词，能书娟秀小楷。

瞿秋白视野广阔，诗词、篆刻、绘画、音乐、昆曲……多才多艺，与"士的阶级"家族浸染不无关系。此外，江苏常州是乾嘉时期的文化胜地，文风之盛堪称人文渊薮，晚年寓居昆山的杭州人龚自珍评价说："天下名士有部落，东南无与常匹俦"，瞿秋白在名士辈出的常州自然多了几分士人的气质。

到了瞿秋白一代，瞿家不仅家道中落，"士的家庭"也在开始瓦解，瞿秋白的思想从传统走向现代，接受并布道新思潮成为他人生新的路径。不过，瞿秋白的文人气质、士人态度如影随形，这与成长有关，受环境影响，难以拒绝。

具有诗人气质的瞿秋白有着文人式的多愁善感，他常以诗词作为表达自己情感的最佳方式，在即将赴刑场的 6 月 18 日早晨还集句得《偶成》一首，署以"秋白绝笔"：

夕阳明灭乱山中，（韦应物）

落叶寒泉听不穷。（郎士元）

已忍伶俜十年事，（杜甫）

心持半偈万缘空。（郎士元）

周海滨按：第一句集自韦应物《自巩洛舟行入黄河即事寄府县僚友》诗：夹水苍山路向东，东南山豁大河通。寒树依微远天外，夕阳明灭乱流中。孤村几岁临伊岸，一雁初晴下朔风。为报洛桥游宦侣，扁舟不系与心同。第二、四句源自郎士元《题精舍寺》诗：石林精舍武溪东，夜扣禅关谒远公。月在上方诸品静，僧持半偈万缘空。秋山竟日闻猿啸，落木寒泉听不穷。惟有双峰最高顶，此心期与故人同。第三句源自杜甫《宿府》诗：清秋幕府井梧寒，独宿江城蜡炬残。永夜角声悲自语，中天月色好谁看？风尘荏苒音书绝，关塞萧条行路难。已忍伶俜十年事，强移栖息一枝安。

的确，无论是《多余的话》还是最后的绝笔诗《偶成》，不同于伏契克《绞刑架下的报告》、方志敏《狱中纪实》，也不同于《革命烈士诗抄》。甚至，瞿秋白从容赴死的态度和悠然的刑前留影，都与《多余的话》、《偶成》格格不入。

瞿秋白在《多余的话》里拷问自己的灵魂，他在赠给国民党第三十六师军医陈炎冰的照片上题词：

如果人有灵魂的话，何必要这个躯壳！

但是，如果没有的话，这个躯壳又有什么用处?!

——这并不是格言，也不是哲理，而是另外有些意思的话

秋白

一九三五年五月摄于汀州狱中

在狱中，瞿秋白对灵魂的发问和思考从未中断，他自认为自己是个文人，却又成为了革命者，"那时候没有别人主持（陈独秀不再担任党的领导人），就轮到我主持中央政治局"。这是因为"历史的误会"和人生的错位一步步地推着他走在了领袖的道路上：

> 根本上我不是一个"政治动物"。五四运动期间，只有极短期的政治活动，不久，因为已经能够查着字典看俄国文学名著，我的注意力就大部分放在文艺方面了，对于政治上的各种主义，都不过略略"涉猎"求得一些现代常识，并没有兴趣去详细研究。然而可以说，这时就开始"历史的误会"了：事情是这样的——五四运动一开始，我就当了俄文专修馆的总代表之一，当时的一些同学里，谁也不愿意干，结果，我得做这一学校的"政治领袖"，我得组织同学群众去参加当时的政治运动。（《多余的话·"历史的误会"》）

五四运动一开始，瞿秋白便当了俄文专修馆的总代表之一，"历史的误会"便一个跟一个地发生了。在中国革命历史的宏大叙事中，瞿秋白是中国共产党的早期领袖。然而，真实的瞿秋白"没有想到要加入共产党，更没有心思要自己来做中国共产党的'创始人'"。他也没有陈独秀、张国焘和王明那样傲人的学历，他只想在俄文专修馆免费学好俄文后，"谋一碗饭吃"。

1922年底，瞿秋白在莫斯科给陈独秀当翻译，共产国际代表罗明那兹，指定瞿秋白担任临时中央政治局常委。1927年5月在中共五大上当选为中央委员、中央政治局委员。主编过中国共产党创办的第一张日报《热血日报》，曾将为陈独秀等人压制和拒绝发表的毛泽东写的《湖南农民运动考察报告》发表，并为之写了序言。1928年6月，共产国际和斯大林以"领导干部成分工人化"，向忠发取代瞿秋白任中共中央总书记。

六大闭幕之后，瞿秋白留在莫斯科，任中共驻共产国际代表团团长，尽管他对共产国际几乎言听计从，但是东方部部长米夫，信任爱徒王明，瞿秋白被弃用。"他被指责为两面三刀、宗派主义、'见风使舵'，以及受鲍罗廷、陈独秀和其他那些讨厌人物的影响，在农村和农民问题上持错误观点。"1931年在中共六届四中全会上，瞿秋白被解除中央领导职务，开除出中央政治局。中共领导权落入"国际派"王明和博古的手中。

政治漩涡的搅拌让瞿秋白尴尴离场。

"谁也不愿意干"、"我得做"、"我得组织"、"为着应付"、"不得不研究"、"不得不反对"、"根本上不愿意"、"只得仍旧担着"、"勉强负担"、"实在违反"、"根本不想"、"没的办法"、"不能不到"、"根本不想"、"不得不由我来"、"不由我不开始"、"勉强自己去想"、"不得不负担"、"勉强着自己"……这些"不得不"洒满在《多余的话》全文，让瞿秋白如同"捉住了老鸦在树上做窠"一样用非所长。

在胡明和赵新顺看来，"瞿秋白与马克思主义发生联系，走上中国现实政治斗争的舞台，恰恰是一种'历史的必然'。至少在一九三五年他遇害之前的这十年时间里，瞿秋白的主要身份是一位政治活动家，并且是中国共产党的领袖之一，兼顾着马克思主义政治路线与斗争策略的指导与解释。但是，瞿秋白心中的志愿又是文学艺术事业，因此，他对自己从事极其繁巨的政治工作是不很情愿的。"

在《多余的话·脆弱的二元人物》中，瞿秋白坦白——

一只赢弱的马拖着几千斤的辎重车，走上了险峻的山坡，一步步的往上爬，要往后退是不可能，要再往前去是实在不能胜任了。我在负责政治领导的时期，就是这样的一种感觉。欲罢不能的疲劳使我永久感觉一种无可形容的重厌〔压〕。精神上政治的倦怠，使我渴望"甜密〔蜜〕的"休息，以致于脑经麻木停止一切种种思想。

瞿秋白在走上"政治领袖"的路上，一直对自我身份认同有着剧烈的挣扎：革命主义与文学兴趣的分道扬镳，知识分子与革命家的身份叠加，文人气质与暴力革命的剧烈碰撞，文化启蒙与反思革命的难愈裂痕……文学是瞿秋白一生所好，在他所爱读的书、文艺、小说、诗词、歌曲之中，他是自己生命的主人。然而，历史与时代的误会绑架着他步步前行，以至于瞿秋白不断向灵魂与躯体寻求答案，最后在稿子上一吐为快：

> 可笑得很，我做过所谓"杀人放火"的共产党的领袖（？），可是，我却是一个最懦怯的，"婆婆妈妈的"，杀一只老鼠都不会的，不敢的。（《多余的话·"文人"》）
> 我当时对于共产主义只有同情和相当的了解，并没有想到要加入共产党，更没有心思要自己来做中国共产党的"创始人"，因为那时候，我误会着加入了党就不能专修文学——学文学仿佛就是不革命的观念，在当时已经通行了。（《多余的话·"历史的误会"》）

瞿秋白在1921年的《生存》中写出了猫对人的嘲笑："你以为你'活着'么？懂得生活的意义么？"；"你并没有'活着'，你不过'生存着'罢了。"

文学家瞿秋白与革命家瞿秋白就这样相互裹挟，厌倦了政治，却又总陷在权力漩涡的中心，结果只能是一路的悖谬、错位、阴阳差错："这真是十几年的一场误会，一场噩梦。"某种程度上说，《多余的话》

是文人瞿秋白的"荒诞人生"体验书写。荒诞是人异化和局限性的表现，也是现象和本质分裂，动机与结果的背离，往往以非理性和异化形态表现出来。从内容上看，荒诞更接近于悲剧，因为荒诞展现的是与人的敌对，是人和自然、社会最深的矛盾。但荒诞的对象不是具体的，无法像悲剧和崇高那样去抗争和拼搏，更不会有对抗和超越。因此，荒诞是对人生的无意义的虚无性的感悟。

瞿秋白荒诞性生存状态是面临人生道路的左右，理想与现实的对立，真实自我与社会角色的疏离，失去了对己承诺之乐土的希望，他的灵魂放逐是不可挽回的。这种人与生命，如同演员与场景的分离，是荒谬的情感。灵魂与生活的隔膜，构成了瞿秋白的荒诞感。《多余的话》超越了意识形态和主义纷争，是文人瞿秋白站在死亡边缘的自由言说。比如，瞿秋白拒绝向革命家的身份认同妥协，评价自己"根本不是政治动物""不但不足以锻炼成布尔塞维克的战士，甚至不配做一个起码的革命者"。

这就是，一个具有革命精神的文学家和一个具有文学气质的革命家的不同之处。

告别"面具"

作为一个文学人物，瞿秋白留下六册文学卷的文集；作为一个政治人物，瞿秋白却有八册政治理论卷的文集。

我无法知道瞿秋白对这样的人生答卷是否满意？其实，答案在他的作品里处处显现——"滑稽"。在《多余的话·告别》中，瞿秋白频频用"滑稽"一词来抒发苦闷："一出滑稽剧就此闭幕了"、"我这滑稽剧是要闭幕了"、"滑稽剧始终是闭幕了"……"滑稽"如何理解，是荒唐、荒诞还是无奈？《多余的话》用蒙太奇的组接，呈现了瞿秋白人生滑稽剧的终点——死亡。

家庭：爱人、女儿、幸福的孩子们，对接镜头——死亡；

生活：花朵、果子、山水、月亮、美丽的世界，对接镜头——死亡；

身体：瞿秋白细致地交代自己身体的医学价值，特别强调了自己患有结核的肺部的研究价值，对接镜头——死亡；

兴趣：瞿秋白交代了自己最爱读的书、最爱吃的豆腐，对接着的镜头——死亡。

死亡把瞿秋白人生的荒诞无限放大了——"我"留恋我的亲人及一切孩子们，可死亡就要来临！世界依然美丽，"月亮的光似乎也比从前更光明了"，可死亡就要来临！"中国的豆腐也是很好吃的东西，世界第一"，可死亡就要来临！

在留恋与死亡构成的大荒诞中，伴随着挚爱的生活与死亡的碰撞中产生的荒诞感，瞿秋白一生的滑稽剧落下帷幕。

瞿秋白的这种气质受到职业革命家的诟病。据胡乔木回忆："毛主席批评瞿秋白在党内没有多大经验，是一介书生。王明、博古在党内没有什么地位，当时连中央委员都不是，结果让他们夺了权。"不过，中共的十数个革命根据地，是在瞿秋白主持中央时期建立的。

85岁的陆定一在《陆定一文集》自序中说："瞿秋白同志是我的老师。因为是他第一个告诉我，党内有斗争。"残酷斗争、无情打击的斗争哲学让文人瞿秋白有切肤之感，加上病体困扰，让瞿秋白难堪重负，弥漫出倦怠的情绪。陆定一认为《多余的话》是瞿秋白的一份"自疚"遗书："秋白同志所以内疚，是因为他当了共产党的领导人，但没有把王明路线反掉，以致革命遭到灾难，对不起党，对不起人民，有愧于被推为领袖。"

文气的瞿秋白并非只是坐在书斋里指挥革命，秋收起义和广州起义都是在他主持中央期间举行的。1927 年，他亲自担任两湖秋收暴动的总指挥，提出"杀尽土豪劣绅及一切反动派"的口号，制造"红色恐怖"。党内存在着"左"倾盲动错误。

瞿秋白在狱中写给郭沫若的信，透露出写《多余的话》的初衷："历史上的功罪，日后自有定论，我也不愿多说，不过我想自己既有自知之明，不妨尽量的披露出来，使得历史档案的书架上材料更丰富些，也可以免得许多猜测和推想的考证功夫。"郭沫若是瞿秋白的生前故人，在大革命时期，两人在武汉欢聚，郭沫若请瞿秋白喝了三瓶白兰地，并且一起看情报资料。

对瞿秋白有深刻理解的丁玲在 1980 年《文汇增刊》第二期发表的《我所认识的瞿秋白同志》中有这样的评价："他这样把自己的弱点、缺点、教训，放在显微镜下，坦然地、尽心地交给党，交给人民，交给后代，这不也是个大勇者吗？……革命者本来不是神，不可能没有缺点，不可能不犯错误，倘能正视自己，挖掘自己，不是比那些装腔作势欺骗人民，给自己搽脂抹粉的人的品格更高尚得多么？"

《多余的话》展示了一个多重色彩的介于文人和革命领袖之间的瞿秋白，在乡绅思想和马克思主义间挣扎的瞿秋白，在求索生命意义的旅途中孤独徘徊的瞿秋白。他的伟大之处在于他敢于对自己的灵魂进行拷问，没有粉饰。作为文人，他的文字有点絮絮叨叨，喜欢浅吟低唱，作为政治家，他手中没有枪，心中更没有。瞿秋白临终的话，看起来戏谑轻松，却悲哀苍凉。

革命者何必千篇一律。

革命的复杂性与文人的丰富性，成就了独特而不是异端的瞿秋白，他既没有背离革命道义也没有放弃知识分子的内省，无疑是对中国道路的伟大提问者之一。

还有回归日常的瞿秋白：

一生没有什么朋友，亲爱的人是很少的几个。而且除开我的之华以外，我对你们也始终不是完全坦白的。就是对于之华，我也只露过一点口风。我始终带着假面具。我早已说过：揭穿假面具是最痛快的事情，不但对于动手去揭穿别人的痛快，就是对于被揭穿的也很痛快，尤其是自己能够揭穿。现在我丢掉了最后一层假面具。你们应当祝贺我。我去休息了，永久休息了，你们更应当祝贺我。（《多余的话·告别》）

瞿秋白仿佛万事皆空，正如他在狱中的词作：

浣溪沙

廿载沉浮万事空，年华似水水流东，枉抛心力作英雄。湖海栖迟芳草梦，江城辜负落花风，黄昏已近夕阳红。

卜算子

寂寞此人间，且喜身无主，眼底云烟过尽时，正我逍遥处。

花落知春残，一任风和雨，信是明年春再来，应有香如故。

瞿秋白有做游戏的兴致，也有戏子的天才：

如果叫我做一个"戏子"——舞台上的演员，倒很会有些成绩，因为十几年我一直觉得自己一直在扮演一定的角色。扮觉〔着〕大学教授，扮着政治家，也会真正忘记自己而完全成为"剧中人"。虽然这对于我很苦，得每天盼望着散会，盼望同我谈政治的朋友走开，让我卸下戏装，还我本来面目——躺在床上去极疲乏的念着"回'家'

去罢，回'家'去罢"，这的确是很苦的。然而在舞台上的时候，大致总还扮得不差，像煞有介事的。(《多余的话·"文人"》)

瞿秋白摘下了面具，是一种解脱。

2015 年 6 月 19—28 日写于北京

瞿秋白生平年表

周海滨

1899 年

1 月 29 日，生于江苏省常州府城。族中属老二房一支内四房第十六世懋字辈，谱名懋森，号熊伯。乳名阿双，学名瞿双，后改名瞿爽、瞿霜，改号秋白。

1903 年　四岁

年底，由青果巷八桂堂移居乌衣桥。数月后，再迁织机坊星聚堂。

1904 年　五岁

入星聚堂庄氏塾馆。

1905 年　六岁

入常州冠英两等小学堂。

1908 年　九岁

冬，初等小学毕业。

1909 年　十岁

春，入常州府中学堂预科。

1910 年　十一岁

7 月，转入常州府中学堂本科。

1911 年　十二岁

家中生活困窘，迁居城西瞿氏宗祠。

1912 年　十三岁

10 月 10 日，在宗祠门悬白色灯笼，上书"国丧"，以示反抗袁世凯窃国。

1913 年　十四岁

与同学吴南如、任乃闾、李子宽结诗社。咏菊诗云：今岁花开盛，且栽白玉盆。只缘秋色淡，无处觅霜痕。

1914 年　十五岁

家中生活全赖借债维持。

1915 年　十六岁

夏，家贫停学，中学未能毕业。

中秋节，债主上门催逼。

1916 年　十七岁

2 月 4 日，奉母金衡玉命，赴无锡表姐夫秦耐铭处，谋求小学教职。

2 月 7 日，母在家境绝望中自杀，翌日身死。

2 月 9 日，奔母丧，自无锡返常州。典屋买棺殓母，停柩于宗祠。旋赴无锡江溪桥私立杨氏小学任教。一家星散。

4 月 5 日，清明节。自无锡回常州祭奠母灵。哭母诗云：亲到贫时不算亲，兰衫添得泪痕新。饥寒此日无人问，落上灵前爱子身。

秋，辞杨氏小学教职回常州，在舅金声侣家及宗祠小住。

12 月，离常州赴武汉。入武昌外国语专科学校学英语，又赴黄陂表兄周均量家研讨诗词与佛学。

1917 年　十八岁

春，随堂兄瞿纯白由武昌到北京，应文官考试，未取，在北京大学旁听。

9月，考入外交部俄文专修馆学习俄语，自修英语、法语，并研究文学、哲学。

1919 年　二十岁

5月4日，五四爱国运动爆发。为俄专学生领袖，组织和领导俄专同学投入爱国反帝斗争。

5月6日，北京中等以上学校学生联合会成立。瞿秋白以俄专学生会负责人身份，参加学联。

7月17日，在北京《晨报》发表论文《不签字后之办法》。

9月15日，于《新中国》第一卷第五号发表译作托尔斯泰的小说《闲谈》。

11月1日，和瞿菊农、郑振铎、耿济之等创办《新社会》旬刊，鼓吹社会改造。1920年5月，被京师警察厅封闭，共出版十九期。

1920 年　二十一岁

3月16日，为《俄罗斯名家短篇小说集》撰序。

3月，北京大学创立"马克思学说研究会"。不久，瞿秋白参加了研究会。

8月5日，《人道》月刊创刊号出版。旋停刊。

10月16日，应北京晨报馆和上海时事新报馆的聘请，和俞颂华、李宗武以特派员身份，由北京启程赴苏俄考察。

11月7日，参加哈尔滨工党联合会庆祝十月革命三周年盛会。

11月21—22日，访问中东路俄国工党联合会会长国耳恰阔夫斯克。

12月10日，离开哈尔滨北行。

12月16日，离开满洲里，进入俄境。

12月18日，抵达赤塔。在赤塔停留期间访问苏俄远东共和国交通总长沙都夫、粮食部总长葛洛史孟等人。

本年参与发起成立文学研究会。

1921 年　二十二岁

1 月 2 日，瞿秋白一行访问苏俄远东共和国国务总理兼外交总长克腊斯诺史赤夸夫。

1 月 4 日，离开赤塔西行。

1 月 25 日，到达莫斯科。

2 月 5 日，参加全俄华工大会，即席发表讲话。

2 月上旬，会见《真理报》主笔美史赤略夸夫。结识俄友郭质生。参加克鲁泡特金送殡仪式。

2 月 14 日，会见诗人马雅可夫斯基。

3 月初，到克里姆林宫，访问俄罗斯社会主义联邦苏维埃共和国教育人民委员会委员长卢那察尔斯基。

3 月 8—16 日，第十次全俄共产党大会在莫斯科举行，瞿秋白以记者身份参加会议。

5 月，到彼得堡参观三天。经张太雷介绍，加入共产党，为预备党员。9 月转为正式党员，属俄共（布）党组织。

6 月 22 日至 7 月 12 日，共产国际第三次代表大会在莫斯科克里姆林宫举行。瞿秋白和张太雷等参加了大会。会间于 7 月 6 日见到列宁。

8 月初，左肺有病，吐血。

9 月，除担任新闻记者外，又到莫斯科东方劳动者共产主义大学（简称"东方大学"）中国班任教。讲授俄文，担任理论课翻译。

9 月 16 日，与俄友举行中秋聚会。

10 月 15 日，应托尔斯泰孙女苏菲亚邀请，到清田村访问托尔斯泰邸宅。

10 月，写就《饿乡纪程》跋语。

11 月 7 日，出席莫斯科第三电力劳工工厂十月革命四周年庆祝会，第二次见到列宁。

12 月 15 日，肺病严重，进莫斯科郊外高山疗养院休养。

本年开始研究中国文字拉丁化问题。

1922 年　二十三岁

1 月 21 日至 2 月 2 日，共产国际在莫斯科、彼得堡召开远东各国共产党及民族革命团体第一次代表大会。瞿秋白随中国代表团参加会议，并作翻译。

2 月 7 日，从彼得堡回到莫斯科，又进高山疗养院。

2 月，正式参加中国共产党。

11 月 5 日至 12 月 5 日，共产国际在彼得堡（后移于莫斯科）举行第四次代表大会。瞿秋白出席大会，并为陈独秀作翻译。

12 月 21 日，离莫斯科回国。

1923 年　二十四岁

1 月 13 日，回到北京，住堂兄瞿纯白家。

1 月 17 日，写杂感《最低问题》发表于 1 月 23 日《晨报》。

春夏之交，翻译《国际歌》。

初夏，中共中央机关刊物《新青年》月刊改为季刊。瞿秋白任主编。同时主编《前锋》，并参与编辑《向导》。

6 月 12 日至 20 日，在广州出席中国共产党第三次全国代表大会。为大会起草党纲草案，并在会上就党纲草案问题作报告。

6 月 15 日，《新青年》季刊第一期发表瞿秋白撰写的《新青年之新宣言》。

6 月下旬，在杭州，召集浙江省党、团会议传达中国共产党第三次全国代表大会的决议。

7 月 1 日，《前锋》创刊，发表瞿秋白所写《中国之资产阶级的发展》《帝国主义侵略中国之各种方式》等文。

夏天，经李大钊介绍到上海大学任学务长兼社会学系主任。

7 月 23 日，写《现代中国所当有的上海大学》一文。

8 月，中国社会主义青年团在南京举行第二次全国代表大会。瞿秋白代表中共中央出席大会。

9 月 20 日，中共上海地委兼区执委会举行第十四次会议，改选瞿秋白等八人为委员。

10 月初，赴广州，参加国民党改组工作。

10 月 4 日，写《赤俄新文艺时代的第一燕》一文。

11 月 8 日，写《现代文明的问题与社会主义》一文。

11 月 24 日，写《自由世界与必然世界》一文。

12 月 20 日，于《新青年》季刊第二期发表论文《自民治主义至社会主义》。

12 月，任鲍罗廷助手、翻译，参加国民党一大宣言的起草工作。

本年参加文学研究会活动。

1924 年　二十五岁

1 月初，与王剑虹结婚。旋赴广州。

1 月 20 至 30 日，同李大钊、毛泽东、林伯渠等出席在广州召开的国民党第一次全国代表大会。瞿秋白同林伯渠、毛泽东、张国焘当选为候补中央执行委员。

1 月 21 日，列宁逝世。上海大学全体师生举行追悼列宁逝世大会，瞿秋白即席发表讲话。

1 月，发表《现代社会学》《社会哲学概论》。

春天，上海大学成立共产党支部，由中共上海地委直接领导。瞿秋白担任支部书记。

3 月 15 日，发表《历史的工具——列宁》一文。

5 月 5 日，参加上海大学举行的马克思诞生一〇六周年纪念会，发表演说。

5 月中旬，参加中共中央在上海召开的扩大会议。

夏天，上海大学联合复旦大学、南洋大学、东吴大学等大专学校，举办了夏令讲学会。瞿秋白主讲《社会科学概论》。

7 月，王剑虹患肺病医治无效，于上海病逝。瞿秋白料理丧事后去广州。

7 月 16 日，任国民党中央政治委员会委员。

8 月 1 日，发表《实验主义与革命哲学》一文。

8 月 15 日至 23 日，国民党中央执行委员会举行全体委员会议，瞿秋白连续发言，反击右派的进攻。

10 月初，回上海。

10 月 10 日，上海天后宫举行国庆纪念大会，右派行凶打伤上海大学学生黄仁。当晚，瞿秋白到医院探望。

10 月 12 日，组织行动委员会，指挥各界人民抗议右派暴行。

10 月，辞职离开上海大学。

11 月 18 日，与杨之华结婚。

12 月 9 日，上海公共租界巡捕房搜抄瞿秋白住所和上海大学。瞿秋白转入地下活动。

1925 年　二十六岁

1 月 11 日至 22 日，中国共产党于上海举行第四次全国代表大会。参加大会的领导工作，并担任大会政治决议草案审查小组组长。在会上作长篇发言，当选为中央委员，同陈独秀、蔡和森、张国焘、彭述之组成五人中央局。

3 月 21 日，发表《孙中山之死与孙中山之敌》一文。

春天，再次到杭州，探望寄居在四伯父家的弟弟景白、坚白和妹妹轶群。

5 月 30 日，"五卅惨案"发生。瞿秋白同陈独秀、蔡和森、李立三、恽代英、刘少奇、刘华等人领导了爱国反帝运动。

6月4日,《热血日报》出版。瞿秋白任主编,并撰写社论《上海总商会究竟要的什么?》《推翻媚外的军阀官僚》《谁是敌,谁是友?》等。

8月18日,发表论文《五卅后反帝国主义联合战线中的前途》。

8月,写《中国国民革命与戴季陶主义》一文。

9月7日,发表论文《义和团运动之意义与五卅运动之前途》。

9月11日,发表论文《五卅运动中国民革命与阶级斗争》。

10月,出席在北京召开的中共中央扩大会议,赞成"耕地农有"。

年底,在上海,由蒋光慈陪同访郭沫若。旋赴广州,推荐郭赴广州大学任教。

1926年 二十七岁

1月29日,写论文《国民革命运动中之阶级分化——国民党右派和国家主义派之分析》。

2月21日至24日,参加中共中央在北京举行的特别会议。

春天,肺病严重,进上海宝隆医院治疗。住院期间,负病编写《俄国资产阶级革命与农民问题》一书。

3月25日,发表论文《国民会议与五卅运动——中国革命史上的一九二五年》。

4月12日,写论文《中国革命中之武装斗争问题——革命战争的意义和种种革命斗争的方式》。

8月7日,写《北伐的革命战争之意义》一文,送《向导》,未刊。

8月上旬,赴广州,拟参加国共两党联席会议。未开。

8月中旬,在广州发表题为《国民革命中之农民问题》的演讲。

8月29日,在广州劳动学院发表题为《什么是共产主义》的演讲。

9月15日,回到上海,写《秋白由粤回来报告》。

1927 年　二十八岁

2 月 17 日，自编《瞿秋白论文集》竣稿，写序文。收入 1923 年至 1926 年政治论文和部分文艺杂著约一百三十篇。

2 月 22 日，上海工人发动第二次武装起义，瞿秋白到拉斐德路暴动指挥所参与领导起义。当晚，出席中央和区党委联席会议。连夜起草《上海二月二十二日暴动后之政策及工作计划意见书》，提交中央特别委员会。

2 月，写完《中国革命中之争论问题》一书。

2 月 25 日至 3 月 2 日，出席中央特别委员会会议，讨论上海工人第三次武装起义问题。

3 月中旬，从上海到汉口，负责中国共产党第五次全国代表大会的筹备事宜，并主持宣传工作。

4 月 3 日，与吴玉章等建议调第四军至南京以监视蒋介石，并与上海革命势力相呼应。

4 月初，与《汉口民国日报》总主笔沈雁冰谈当前报纸的宣传重点。

4 月 11 日，为毛泽东《湖南农民运动考察报告》一书撰写序言。

4 月中旬，建议武汉军队先打南京，然后北伐。

4 月 27 日至 5 月 9 日，中国共产党第五次全国代表大会在武汉举行。瞿秋白当选为中央委员、政治局委员，并任政治局常委，主管中央宣传部，兼任中央党报委员会书记、中央农民委员会委员。

5 月 14 日，写《论中国革命中之三大问题》《农民政权与土地革命》等文。

5 月 20 日，太平洋劳动会议在武汉召开。赤色职工国际、中国、日本、苏联、朝鲜、美国、爪哇、英国、法国等国派代表出席了会议。瞿秋白代表中国共产党中央执行委员会发表讲话。

6月13日，写论文《革命的国民政府之危机》。

6月30日，出席中共中央扩大会议。

7月8日，发表论文《革命失败之责任问题》。

7月13日，后与鲍罗廷离武汉去庐山。

7月21日，李立三、邓中夏赴庐山汇报南昌起义问题。瞿秋白表示同意，旋由庐山回武汉，向中央报告。

7月23日，共产国际代表罗明纳兹到达汉口。当晚与瞿秋白等人晤谈。

7月25日，出席中央常委扩大会议，讨论南昌起义问题。决定成立以周恩来为书记的前敌委员会。

7月26日，出席中央常委会议，会议决定派张国焘赴九江贯彻中央决策。

8月3日，主持中央常委会议，李维汉、苏兆征、蔡和森、邓中夏、任弼时、张太雷、林育南等参加会议。讨论中央紧急会议的准备工作。

8月7日，主持召开中央紧急会议，即八七会议。会议正式改组中央领导机关，选举苏兆征、向忠发、瞿秋白、罗亦农、顾顺章、王荷波、李维汉、彭湃、任弼时等9人为正式委员，邓中夏、周恩来、毛泽东、彭公达、张太雷、张国焘、李立三等5人为候补委员。组成以瞿秋白为首的新的中央临时政治局。

8月9日，主持召开中央临时政治局第一次会议。会议选举瞿秋白、李维汉、苏兆征三人组成中央临时政治局常务委员会，主持中央工作。会议讨论和决定了政治局的分工：瞿秋白兼管农委、宣传部，并任党报总编辑。

八七会议后，瞿秋白和李维汉看望陈独秀，向他介绍八七会议情况，并劝他接受共产国际的要求，到莫斯科讨论中国革命问题。

9月下旬，中共中央机关从武汉迁回上海。

9月底前后，与李维汉到上海福生路陈独秀寓所探望，邀陈为中央机关报写文章。再次劝陈去莫斯科。

10月22日，中央常委通过决议，决定出版中央机关报《布尔塞维克》，由瞿秋白、罗亦农、邓中夏、王若飞、郑超麟等五人组成中央机关报编辑委员会，瞿秋白为主任。

10月24日，《布尔塞维克》创刊号出版。瞿秋白为创刊号撰写发刊词，撰写社论《反对南京武汉的军阀斗争》及论文《民众的革命战争反对所谓北伐》。

10月31日，发表论文《中国革命与共产党任务》。

11月7日，发表论文《青天白日是白色恐怖的旗帜!》。

11月9日至10日，主持召开中央临时政治局扩大会议。会上，共产国际代表罗明纳兹作政治报告，瞿秋白作补充报告。会议一致通过《中国现状与共产党的任务的决议案》，标志"左"倾盲动错误在中央占据统治地位。

11月21日，发表论文《中国革命是什么样的革命?》。

11月，为蒋光赤（即蒋光慈）所写反映上海工人起义的小说取名《短裤党》。

12月2日，发表答志益信，论述党的民主集中制问题。

12月5日，发表论文《中国革命中无产阶级的新策略》。

12月7日，写《反革命的国民党政纲和混战》一文。

12月12日，发表论文《三民主义倒还没有什么?》

12月14日，写论文《伟大的广州工农兵暴动》；为中共中央起草《为广东工农兵暴动建立苏维埃告民众》书。

12月19日，发表论文《武装暴动的问题》。

冬，参加太阳社。同意成立春野书店，出版《太阳月刊》。

1928年 二十九岁

1月2日，发表《悼张太雷同志》一文。

1月3日，为中央临时政治局起草决议案《广州暴动之意义与教训》。

1月10日，写论文《中国的苏维埃政权与社会主义》。

1月26日，写论文《最后的假面具》。

2月6日，写论文《从吴佩孚到国民党的杀人政策——一九二八年的二七纪念》。

2月15日，写论文《中国革命低落吗?》。

4月12日，为六大起草的报告《中国革命与共产党》竣稿。

4月30日，离上海赴苏联。行前与周恩来、李维汉、任弼时等商定国内工作方针。

5月，在莫斯科为六大起草决议案等文件。

6月中旬，斯大林在莫斯科接见瞿秋白、周恩来、邓中夏、苏兆征、黄平等人，对中国革命问题作了重要指示。

6月18日至7月11日，中国共产党在莫斯科召开第六次全国代表大会。瞿秋白和周恩来等主持了大会。大会选出瞿秋白、周恩来、张国焘、关向应、向忠发、苏兆征、项英等15人组成大会主席团。瞿秋白作了《中国革命与共产党》的报告，和《政治报告讨论后之结论》。接着，在克里姆林宫举行中共六届一中全会。瞿秋白同向忠发、周恩来、苏兆征、张国焘、蔡和森、项英7人当选为中央政治局委员，向忠发任总书记。

六大结束后，瞿秋白同张国焘、邓中夏、余飞、王若飞组成中国共产党驻共产国际代表团，瞿秋白任团长。

7月17日至9月1日，出席共产国际在莫斯科召开的第六次代表大会，被选为主席团成员。在会上作《关于殖民地和半殖民地国家的革命运动的补充报告》，参加殖民地半殖民地政治决议起草委员会。当选为共产国际执行委员会委员、主席团委员。

9月5日，任共产国际政治书记处成员。

9月，和各国代表前往南俄各工业区参观，杨之华随往。

9月14日，从巴库写信给在莫斯科的周恩来。

秋，中共代表团与共产国际监察委员会、联共监察委员会联合调查中山大学问题，作出不存在"江浙同乡会"反党小组织的结论。

11月初，斯大林约瞿秋白、张国焘会谈中国革命问题。

11月，到南俄休假。

12月1日，发表论文《广州暴动和中国革命》。

本年和黄励等出席在柏林召开的世界反帝大同盟会议。

1929年 三十岁

年初，中国共产主义劳动大学附属中国问题研究所成立，创办俄文季刊《中国问题》，由瓦尔加、威格尔、库秋莫夫、马札亚尔、米夫、斯特拉霍夫（瞿秋白的俄文化名）和沃林组成编辑委员会。

3月，在马林诺（莫斯科南）疗养，研究中国文字改革问题。

夏天，莫斯科中国共产主义劳动大学举行学年总结大会，中共代表团与米夫、王明集团之间发生激烈斗争。瞿秋白出席大会，并发表演说。

6月初，在共产国际东方部讨论富农问题，与米夫意见发生分歧。不同意在中国完全仿效苏联消灭富农的政策。

7月3日至19日，出席共产国际第十次全体执委会议。发表题为《共产国际在目前殖民地革命中的策略》的演说。

8月30日，彭湃被害，噩耗传到莫斯科，瞿秋白抱病写《纪念彭湃同志》一文。

9月6日、15日，给中共中央写信。

秋，和黄平出席在德国法兰克福举行的国际反帝同盟大会，发表演说。

苏共发动清党运动，米夫、王明等人趁机打击瞿秋白及持不同政治观点的其他同志，诬蔑瞿秋白是"机会主义和异己分子的庇护者"。瞿景白"失踪"。

10月9日，写论文《反对陈独秀机会主义》。

10月30日，写信给中共中央。

10月，写成《中国拉丁化的字母》一书。

11月9日、14日，给中共中央写信。

12月15日，给中共中央写信。

12月18日，开始在列宁学院等处讲授《中国共产党历史概论》，共十二讲。讲授日程排至翌年6月。

12月，写论文《在中国苏维埃的旗帜下》。大病，无法工作。

1930年 三十一岁

1月16日，给中共中央写信。

3月15日，发表论文《中国职工运动的问题》《军阀混战与汪精卫》。

上半年，中国共产主义劳动大学清党结束后，王明等人陆续离开莫斯科回到上海。夏天，米夫到中国担任共产国际驻中国代表。

6月11日，李立三在上海主持召开中共中央政治局会议，通过由他起草的《新的革命高潮与一省或几省的首先胜利》的决议案，使"左"倾冒险错误再次统治了中共中央，给党和革命力量招致了重大损失。

7月23日，共产国际执行委员会针对李立三"左"倾错误通过关于中国问题的决议案；瞿秋白、周恩来参加讨论。

7月下旬，受共产国际委托，负责纠正李立三"左"倾冒险错误，离开莫斯科经欧洲回国。

8月1日，与周恩来在柏林参加失业工人示威大会。

8月26日，回到上海。杨之华随后回到上海。女儿瞿独伊托付鲍罗廷夫妇照料。

9 月 24 日至 28 日，和周恩来主持召开中国共产党六届三中扩大全会。作《政治讨论的结论》。会议通过瞿秋白起草的《中共三中全会关于政治状况和党的总任务决议案》，结束了作为立三路线主要特征的那些错误。会后，由瞿秋白主持中央工作。

9 月 30 日，写论文《辛亥革命纪念和苏维埃政权——拥护中国工农兵会议（苏维埃）第一次全国代表大会》。

11 月 22 日，根据共产国际十月来信的精神，主持召开中央政治局扩大会议，作出三中全会的补充决议。

12 月 4 日，译斯大林著《中国革命之前途》，竣稿。

12 月，中华工农兵苏维埃全国代表大会准备会在上海举行。瞿秋白参加会议。

同月，共产国际执行委员会主席团在莫斯科举行会议，讨论李立三错误问题。会议指名批评瞿秋白的"调和主义"。

1931 年　三十二岁

1 月 7 日，米夫、王明等人在上海召开六届四中全会。否定三中全会决议及《九十六号通告》，指责瞿秋白犯了"调和路线"错误，进行"残酷斗争和无情打击"。解除瞿秋白、李立三、李维汉的中央政治局委员的职务。

同日，向共产国际执行委员会和中共中央写信，声明自己承担三中全会的责任。

1 月 20 日，中央政治局作出关于 1929—1930 年中共中央驻共产国际代表团行动问题决议案，再次谴责瞿秋白。瞿秋白再次向中央政治局写声明书，接受一切指责。

2 月 7 日，写信给郭质生，请邮寄书刊。

3 月 12 日，写信给郭质生，仍请邮寄书刊。

4月下旬，茅盾和夫人孔德沚两次访问瞿秋白。瞿秋白夫妇到愚园路树德里茅盾家里避难。

5月初，在茅盾家，与冯雪峰见面。

5月，翻译列宁著《卡尔·马克思》中《马克思的学说》《哲学的唯物论》两部分。

春夏之交，瞿秋白与夏衍初次相见。

6月冯雪峰为瞿秋白在上海南市紫霞路六十八号谢澹如家租房。瞿秋白化名林复，迁入谢宅。

8月10日写书评《画狗吧》。

9月下旬为研究文艺大众化，化装去城隍庙观听民间艺人说唱，写《东洋人出兵（乱来腔）》等通俗作品。中国新文字第一次代表大会在海参崴召开。大会以瞿秋白在莫斯科写的《中国拉丁化的字母》为基础进行讨论，拟出中国新文字的新方案。

同月，国民党当局发出密令重金悬赏通缉瞿秋白、周恩来、陈绍禹、沈泽民、张闻天、罗登贤、秦邦宪等七人，并拟定赏格：瞿秋白、周恩来两人各两万元，其他五人各一万元。

9月至10月，写论文《大众文艺和反对帝国主义的斗争》和《普洛大众文艺的现实问题》。

10月，应鲁迅邀请，为曹靖华译《铁流》一书赶译序言。为中共中央文化工作委员会起草《苏维埃的文化革命》。参加领导文委和左联的工作。

11月7日至20日，中华工农兵苏维埃第一次全国代表大会在江西瑞金举行。瞿秋白当选为中央执行委员会委员。11月10日发表论文《中国人权派的真面目》《托洛茨基派和国民党》。

11月20日，鲁迅邀瞿秋白译《被解放的唐·吉诃德》，开始在《北斗》第一卷第四期发表。

11 月 27 日，中华苏维埃第一届中央执行委员会举行第一次会议，任命瞿秋白为教育人民委员会委员。

11 月，指导"左联"起草《中国无产阶级革命文学的新任务》决议。

12 月 5 日，写信给鲁迅说："我们是这样亲密的人，没有见面的时候就这样亲密的人。"

12 月 28 日，鲁迅给瞿秋白回信，就翻译问题进行讨论，以"敬爱的同志"相称。

12 月 28 日，将《中国拉丁化的字母》修订为《新中国文字草案》。

本年，受周恩来委托，为中共中央机关制定《文件处置办法》。

1932 年　三十三岁

1 月 16 日，写论文《苏联文学的新阶段》。

1 月 20 日，发表杂文《暴风雨之前》。

1 月 28 日，日军进攻上海。由紫霞路移居法租界毕兴坊十号。五六月间复迁回紫霞路。

1 月写杂文《财神还是反财神》。

春天出席在上海南京路大三元饭店举行的丁玲、田汉、叶以群、刘风斯等入党仪式。

3 月 5 日写《大众文艺的问题》一文。

4 月 25 日发表论文《上海战争和战争文学》。

春末夏初第一次和鲁迅会面。

支持夏衍等打入资产阶级控制的电影界、音乐界。

5 月 4 日写《"我们"是谁?》一文。

5 月 20 日发表论文《"五四"和新的文化革命》。

5 月写《"自由人"的文化运动》一文。

6 月 1 日发表《马克思和昂格思》《列宁》两文。

6月10日写长信给鲁迅，谈中国文学史的整理问题。

9月1日鲁迅夫妇携海婴到紫霞路访问瞿秋白。

9月14日瞿秋白夫妇到北川公寓访问鲁迅。

9月18日鲁迅为杨之华修改小说《豆腐阿姐》。

11月4日鲁迅编译苏联短篇小说集《一天的工作》，收入杨之华译作两篇，付良友公司出版。

11月下旬到鲁迅寓所避难。

12月7日录旧诗"雪意凄其心惘然，江南旧梦已如烟。天寒沽酒长安市，犹折梅花伴醉眠"赠鲁迅。

12月9日赠玩具一套给海婴。

12月11日鲁迅夫妇设馔宴请瞿秋白夫妇。同日译毕《高尔基论文选集》一书。

12月中旬，陈云到鲁迅家，接瞿秋白夫妇，转移新址。

12月25日，鲁迅得瞿秋白信及所赠火腿爪一枚，答以文旦饴两盒。

12月28日，鲁迅得瞿秋白信及所书七绝诗一首。

12月，译就《高尔基创作选集》一书。

本年，编译《现实——马克思主义文艺论文集》一书竣稿。

1933年 三十四岁

2月上旬，再次到鲁迅家避难。

2月17日，英国作家肖伯纳到上海。瞿秋白和鲁迅合作，连夜选译编校《肖伯纳在上海》一书。鲁迅作序，瞿秋白写卷头语。

3月初，鲁迅托内山夫人为瞿秋白夫妇在北四川路底施高塔路东照里租亭子间。瞿秋白夫妇迁入。

3月5日，写杂文《王道诗话》，用鲁迅的笔名发表。

3月6日，鲁迅访问瞿秋白夫妇，并赠杨之华堇花。

3月7日，写杂文《伸冤》，用鲁迅笔名发表。

3月9日，写杂文《曲的解放》，用鲁迅笔名发表。

3月10日，写书评《〈子夜〉和国货年》，用鲁迅笔名发表。

3月14日，写杂文《迎头经》，用鲁迅笔名发表。

3月22日，写杂文《出卖灵魂的秘诀》，用鲁迅笔名发表。

3月30日，写杂文《最艺术的国家》，用鲁迅笔名发表。

4月1日，发表《马克思恩格斯和文学上的现实主义》一文。

4月11日，写杂文《关于女人》《真假唐·吉诃德》《内外》《透底》，用鲁迅笔名发表。

同日，鲁迅迁居东照里对弄大陆新村九号，过往更加频繁。

春天，编辑《鲁迅杂感选集》，并写长篇序言，对鲁迅作出科学评价。

4月24日，写杂文《大观园的人才》，用鲁迅笔名发表。

6月初，从东照里搬出，与冯雪峰同住王家沙鸣玉坊江苏省委机关。

7月16日，写书评《读子夜》。

7月20日，发表杂文《从公债到外债》。

7月，第三次到鲁迅家避难。

8月7日，发表《关于〈红色中华〉报的意见》一文。

9月22日，中共中央临时政治局作出《关于狄康同志的错误的决定》，再次打击瞿秋白。要求全党对他"开展最无情的斗争"。

9月28日，写杂文《儿时》。用鲁迅的笔名发表。

9月，到鲁迅家中避难。

11月，写书评《关于高尔基的书》和《"非政治化"的高尔基》两文。

12月2日，译高尔基的讽刺诗《市侩颂》。

冬，译普希金长诗《茨冈》未完。

年末，编就《乱弹》杂文集。中央通知瞿秋白去苏区。

本年，写《马克思文艺论底断篇后记》。翻译列宁的论文《列甫·托尔斯泰象一面俄国革命的镜子》，《Ｂ·Ｃ·托尔斯泰和他的时代》。鲁迅书赠瞿秋白联语：人生得一知己足矣，斯世当以同怀视之。

1934 年　三十五岁

1 月 4 日，和鲁迅、茅盾叙别。

1 月 7 日，离上海去瑞金。

1 月 9 日，鲁迅得瞿秋白信。

1 月下旬，杨之华得瞿秋白信。

1 月 21 日至 2 月 1 日，中华苏维埃第二次全国代表大会在江西瑞金举行。瞿秋白当选为中央执行委员会委员。

1 月 28 日，鲁迅收到瞿秋白赴瑞金途中来信。

2 月 3 日，第二届中央执行委员会召开第一次会议，选举毛泽东、周恩来、瞿秋白等十七人组织中央政府主席团。瞿秋白连任教育人民委员。

2 月 5 日，抵达瑞金，住沙洲坝。

3 月 12 日至 14 日，出席江西省第一次全省各县教育部长联席会议，作关于新的教育政策的报告。

3 月 29 日，发表短论《节省每一粒谷子来帮助战争》。

4 月 1 日，国立苏维埃大学举行开学典礼，瞿秋白兼任校长。

4 月 3 日，为《红色中华》报写社论《努力开展我们的春耕运动》。

5 月 20 日，写《阶级斗争中的教育》一文。

6 月 23 日至 7 月 7 日连续在《红色中华》发表《中国能否抗日？》一文。

10 月 21 日中央红军开始长征，瞿秋白奉命留江西，任中央分局宣传部长，兼中央政府办事处教育人民委员。移住瑞金下肖区。

本年，在中央苏区主持开展文化教育普及工作，扫除文盲运动，以及群众性文艺活动。

1935 年　三十六岁

1 月，移住雩都县小密附近山村。

2 月上旬，布置工农剧团举行文艺会演。

2 月 11 日，奉命同邓子恢、何叔衡等离江西境东移。

2 月 18 日，到达福建省委所在地汤坑之汤屋。

2 月 24 日，在福建省长汀县濯田区水口镇小径村牛庄岭附近被俘。

2 月 26 日，被押送上杭，囚在县狱。

3 月 9 日，化名林琪祥，编造经历，欺骗敌人，以求脱身。

4 月 10 日，福建省委书记万永诚妻子被捕，供出瞿秋白。

4 月 25 日，左右被解离上杭。

5 月 7 日，张亮告密，敌人始知林琪祥即瞿秋白。

5 月 9 日，被解到长汀，囚禁在国民党军三十六师师部，在叛徒郑大鹏指认下，承认自己身份。

5 月 11 日，国民党《中央日报》发表瞿秋白被捕消息。

5 月 13 日，写《供词》，谴责国民党反动派，歌颂苏区，表明革命立场。

5 月 22 日，鲁迅致友人信说：瞿秋白被捕，"在文化上的损失，真是无可比喻"。同日，写就《多余的话》及《未成稿目录》。

5 月，国民党军事委员会系统派特务到长汀，对瞿秋白进行劝降，遭拒。

6 月 2 日，蒋介石电令蒋鼎文："瞿匪秋白着即在闽就地枪决。照相呈验。"

6 月 4 日，会见《福建民报》记者李克长。

6 月 13 日前后，陈立夫派中央党部系统的特务王杰夫和叛徒陈建中到长汀，对瞿秋白进行最后劝降，被拒。

6 月 18 日，从容就义，遗骸葬于罗汉岭盘龙岗。